追及!!「桜を見る会」&「前夜祭」

逃げる総理 壊れる行政

上脇博之
神戸学院大学法学部教授

〈対談〉
田村智子
日本共産党参議院議員

日本機関紙出版センター

はじめに

皆さんご承知のように、安倍晋三氏は、衆議院議員で自由民主党（自民党）総裁であり、そして内閣総理大臣（総理・首相）でもあります。

その安倍首相・衆議院議員に関して、いわゆる「桜を見る会」と「桜を見る会前夜祭（夕食会・懇親会）」について、それぞれ政治的にも法的にも大きな問題があるとして国会で追及され、国民の間には安倍首相は説明責任を果たせという声が大きく広がっています。

そもそも「桜を見る会」とは内閣総理大臣が「各界の功績者・功労者」を招き懇談してきた〝内閣総理大臣主催の公的な行事〟です。一方、「前夜祭」とは「夕食会」または「懇親会」とも表現され、「桜を見る会」の前夜に開催された、〝安倍衆議院議員の政治団体である「安倍（あべ）晋三後援会」主催の私的な事業〟です。

このように両者の主催者は異なります。ところが、安倍首相・議員の地元・山口県の選挙区にある安倍事務所は、その両者をまるで一つの事業であるかのように大勢の後援会員らに案内し世話していたことが発覚しました。また、「桜を見る会」は公費を使った公的行事なのに、安倍首相がそれを政治利用し私物化したことも判明しました。重大な政治的問題であることに加え、法的にも重大な問題です。それゆえ、内閣府は「桜を見る会」招待者名簿を廃棄したと答弁して証拠を隠してしまいました。「前夜祭」でも同様に問題があります。

本書は「桜を見る会」と「前夜祭」の政治的・法的問題を個々具体的に指摘します（特に本書第2部）

が、本書の前半では、タムトモこと田村智子参議院議員との対談を掲載しました（本書第1部）。

田村議員は、とりわけ前者につき国会質問で取り上げ安倍首相を厳しく追及した国会議員の一人です。その質問が具体的であったが故にわかりやすく、新聞だけではなくテレビも報道したため大きな反響を呼び、「安倍首相が公的行事を私物化した」ことを国民全体に知らせた立役者です。田村議員の鋭い追及質問を契機に、この問題の追及は健全野党全体による追及へと拡大しました。その追及を恐れた安倍首相らは、この問題について幕引きを図るために２０２０年度の「桜を見る会」を急遽中止したほどです。

田村議員は本書第1部の対談の中で、個々具体的な問題点を指摘していますが、それだけではありません。この問題が安倍政治に共通する本質的な重大問題であることを、大局的な視点に立ち指摘しています。対談（第1部）の後と第2部内では、安倍事務所が後援会員らに送付した文書や政府が公表した関係文書など貴重な資料も多数紹介しています（なお、安倍事務所の電話・ＦＡＸ番号はすべて削除して掲載しました）。本書を是非とも一読いただき、この問題の本質と問題の重大さを理解していただきたいと思います。

上脇博之

もくじ――逃げる総理 壊れる行政　追及!!「桜を見る会」&「前夜祭」

第2部 「桜を見る会」&「前夜祭」の政治的・法的問題

〈第1部〉

追及対談！
「桜を見る会」＆「前夜祭」

田村智子（日本共産党参議院議員）

×

上脇博之（神戸学院大学法学部教授）

2020年1月初旬、「政治とカネ」問題のスペシャリスト・上脇博之さん（神戸学院大学法学部教授）と参議院議員会館を訪れ、「桜を見る会」問題で安倍晋三総理大臣を窮地に追い込んだ立役者、田村智子参議院議員（日本共産党）と対談してもらった。「桜を見る会」と「前夜祭」の問題の本質、その法的問題、ウソと誤魔化しの文書管理、今後の追及課題、そして政権交代への希望など話題は多岐に及んだ（編集部）。

上脇博之　田村議員、本日はよろしくお願いします。

田村智子　こちらこそよろしくお願いします。

上脇　今回の問題は「桜を見る会」と「前夜祭」という二つの事柄について、それぞれ問題が存在するわけですが、まず「桜を見る会」について田村さんから見た問題点を概括的にお話ください。

「桜を見る会」を安倍晋三後援会のお祭り行事に変質

田村　総理大臣主催の公的行事「桜を見る会」に、安倍総理が先頭に立って、自民党の後援会員を大量に招待していた。このことを「しんぶん赤旗日曜版」（2019年10月13日）が報道し、11月8日の予算委員会で私が取り上げました。安倍総理は、私の質問からわずか5日後に「桜を見る会」の中止を発表し、幕引きを図ったのですが、「長年の慣行のなかで招待基準が曖昧だった」、つまりは「歴代政権の長年のやりかたに問題があった」、だから「私の判断で中止にした」というのですから、あきれ果てます。

いくつかの新聞が、最初の頃の「桜を見る会」を紹介していましたが、外国の大使や公使をお招きし、

参議院議員会館で

お花見という文化を知ってもらうことも含め、のんびりとしたお花見会だったことがわかります。公的立場の方々が懇親する場、加えて社会的な功績・功労のある方を招待してねぎらう場というのが、「桜を見る会」なのだということです。

ところが、第二次安倍内閣で、安倍総理自身が後援会等の招待者を増やし続け「桜を見る会」の趣旨を全く異なるものに変えてしまった。近年の「桜を見る会」をネット動画で見ると、安倍総理が走り回って、参加者とハイタッチはするわ、記念写真は撮るわというように、私たち流に言うと「赤旗まつりかよ！」という状態です。まさに自民党の「後援会祭り」にしてしまった、ここが一番の問題だと私は考えています。

上脇　私が重要だと思うのは、安倍首相が招待枠の約1万人と約1766万円の予算、この両方とも破っているということです。1万人という基準を破り支出額も2019年には予算の3倍まで膨れ上がっています。招待者が増えれば当然予算の支出が枠内に収まらないのは明らかです。建前から言うと1万人の予算しか組んでいないわけです。この予算と招待者数という二つの点で歯止めになる基準があったのに、いかに安倍政権が本来守らなければいけない基準を守っていなかったかということがよくわかります。つまり本来の行事の性格を変質させて、安倍首相主催という公的な行事ではなくて、限りなく政治家安倍晋三のための「桜を見る会」にしてしまったという、ここが大きな問題点ですよね。

しんぶん赤旗 日曜版
10月13日
首相主催「桜を見る会」
安倍後援会
御一行様
スクープ
税金でおもてなし
ご招待
志位委員長
消費税を5%に
国会で減税要求
地元山口から数百人規模

「しんぶん赤旗日曜版」2019年10月13日

繰り返されてきた安倍政治の私物化の象徴

田村　２０１９年の「桜を見る会」の「皆さんと共に政権を奪還してから、７回目の桜を見る会となりました」という言葉に象徴的に表れていますね。自分の応援団を招いた花見に完全に変質させてしまった。

上脇　安倍昭恵さんのブログにも「地元でずっと応援して下さっている後援者の皆さんのお陰で主人の

今がありますと書かれていましたが、それはまさに後援会の挨拶内容でした。だから「どこが主催した行事なのか」と疑ってしまうような挨拶で、どう考えても安倍さんの政治団体の後援会が行っているかのような内容でした。山口県から参加された方にはそのように思った方もいらっしゃるようですから、いかに本来の在り方を変質させて私物化したか。そこは最低限押さえておかないといけない論点だと思います。

田村　安倍総理が繰り返してきた政治の私物化が、象徴的に表れています。森友・加計学園問題にもつながっていますが、政治の私的利用が、「桜を見る会」では、実にわかりやすく目に見える形で示されたのです。

「桜を見る会」問題で安倍総理を追及する田村議員（2019年11月8日、テレビ東京の動画から）

言い逃れを図る安倍総理（2019年11月8日、テレビ東京の動画から）

SNSでは「田村智子」がトレンド2位に

上脇　大問題になった経過を押さえると、まず最初の宮本徹議員質問がホップ、次に「しんぶん赤旗日曜版」の取材力がステップ、そして田村さんの追及がジャンプという、これらがつながったと思います。この連携した調査力がとても大きかった。「ほんわかとしたお花見、和気あいあいと楽しみましょう、懇談しましょう」という建前の中にあったものが、実質は安倍首相が私物化していたことを赤裸々にしたからこそ注目されました。SNSではトレンドの2位にも入っていましたね。

田村　予算委員会で質問した直後に、友人から聞いてびっくりしたのですが、「桜を見る会」「田村智子」というワードが急上昇してトレンド入りしましたね。

上脇　私もいろんな問題でコメントしますが、「これはすごい問題だよな」と思っても、世間では大きな問題にならないことがたくさんありました。今回の件もコメントを求められて日曜版が報道することは知っていました。そのコメントは結局紙面の都合で載らなかったのですが、「これが出た時、一体どんな反応が起きるのかなあ」と思いました。今までの経験からすると日曜版はこれまでも多くのスクープを出してきましたが、他のマスコミが反応しないままになってしまうことが少なくなかったのです。しかし今回はさすがに田村さんの表現力も含めてその追及力が大きかったと思います。

舞台となった新宿御苑（大木戸門から）

田村　ありがとうございます。

単独で答えようとすると墓穴を掘ってしまう

上脇　安倍さんは結構その場しのぎで、真実でないことを言いますよね。

田村　はい。言いますね。

上脇　国会を傍聴しているわけではないのでわからないのですが、どんな感じで平然と真実でないことを言うのでしょうか。その部分のウソを見破ることが今回も、そして今後の鍵になっていると思うんです。例えば「推薦者の選定に関与していない」と述べていたこともそうですが、なぜこんなおかしな答弁を平然としてしまうのか。

田村　想定問答が難しい質問でしたね。「後援会を招待していますよね」という質問にどう答えるのかなと。私は証拠をいくつも持っていますし、誰もが検索できるブログも存在している。これらを示した時にどう答えるのか。予想したのは、まずは手を挙げないという方法でしたが、その通りでした。官房長など官僚にまず答弁させて、自分は官僚答弁のラインからは絶対にはみ出ない。あとは何を聞かれても同じ言葉で、「招待の取りまとめには関与していない」、招待者については「個人の情報なのでお答えを差し控える」と、官僚答弁のままに繰り返す。

上脇　これは重要なことですね。

田村　官僚が引いたラインを死守する。違う角度から質問してもその範囲を超えず、ひたすら同じ答弁を繰り返す。ただし、今回の場合は、「私は招待に関与していない」という当初の答弁が、安倍事務所の関与を認めざるをえなくなって、変わっていった。11月20日の衆議院内閣委員会、参議院本会議では「事務所から求められれば意見を言うこともあった」と関与を認める。しかし「招待の最終的な取りまとめには関与していない」という答弁になっていくのです。

上脇　単独で答えようとすると墓穴を掘ってしまうのですが、今のお話からすると、官僚の答弁を察知する能力が一定程度はあるわけですね。

田村　手元のペーパーは官僚と同じものを持っているのでしょう。そして、詳しく聞きたかったら官僚にと振るのです。彼は非常に卑怯ですよね。

上脇　官房長官の菅さんはどうですか。

田村　予算委員会後、内閣委員会で菅官房長官に質問しましたが、基本は同じです。持っているペーパーを読み上げるだけ、何を聞いても同じ答弁でやり過ごそうとします。でも「桜を見る会」では、「それは安倍事務所に聞いてくれ」という主旨の答弁もありました。胸の内では、「なんでこんなことを俺が答えなきゃいけないのか」と思っていたかもしれませんね。菅さん自身も後援会員をそれなりの規模で招待していると思いますが、安倍さんほどの規模ではないでしょう。安倍さんの下関問題ですから、「なんで俺が」というのが垣間見えたところが面白かったですね。

上脇　最初はともかく中身をしゃべらない方向できたわけですよね。でも事実を提示されて、「議員枠」があることなどが明らかになって、もうこれ以上同じ答弁を繰り返すわけにはいかないとなって、その結果、安倍さんの推薦が「千人」とか、自民党関係者推薦が「6千人」とか出てきましたが、こういう数字が出てきたということは、それまでからすると相当追い込んでいますね。

田村　はい、あれは私も驚きましたが、ごまかしきれなくなって、作戦を立てて違う答弁ペーパーに切り替えたのでしょう。11月20日の衆議院内閣委員会でしたが、「総理、千人」とポンと答えて幕引きを図ろうとした。もう答えた、まだ質問するのかと。それを決め球にして投げてきたのだと思いました。

「60」番台は官邸総理室取りまとめ枠？

上脇　そこで疑問なのがジャパンライフの問題です。2015年の招待ハガキに「60」という総理枠だと言われている番号が振られていて、その「60」に続く番号が2000番台の番号でした。これがもし通し番号であったら「千人」では収まらないことになります。すると菅さんが言った、総理は「千人」というのはウソじゃないかということになります。そして自民党が「6千人」というのもウソになってくるんじゃないかと思えてきます。ということは、安倍さんの推薦枠を小さく見せるために「千人」と言い、自民党の中に実は安倍さんの枠が作為的に動かされて「6千人」の中に紛れ込まされたような気がしますが、どうなんでしょうか。

田村　その通りです。ジャパンライフの問題を追及したことで、第2ステージに入ったと思いました。後援会だけではない、招待するには全く適切ではない人物も招待され、しかも招待状が実害をもたらした。ジャパンライフの山口隆祥氏は、マルチ商法の有名人で、計画的破産の直前に荒稼ぎをして財産を隠すという手法を繰り返してきた。2015年の「桜を見る会」招待状を使った宣伝物で被害を急激に広げ、荒稼ぎをしたのです。

このジャパンライフの宣伝物には、受付票の画像に「60」から始まる番号が読めました。内閣府から入手していた資料を調べ直して、この番号の意味が招待者の区分、招待者の属性を示していることがわかり、総理の招待者であると証明できた。さらには「60」に続く整理番号は「2357」、総理「千」は嘘ではないのかと、11月25日の行政監視委員会で追及したのです。

この質問後、ネット上では「60の受付票を探せ」という捜索活動が行われて、4900番台まで発見されています。総理の招待は「5千人」規模ではないのか、あるいは菅官房長官が説明した自民党「6千人」というのが、実は総理なのではないのかとも思えてきます。

安倍昭恵枠は後援会とは別

上脇　そうすると安倍昭恵さんの枠、これがどこに位置づけられるのかということになります。たぶん、形式的には安倍総理枠に位置づけられるのだと思いますが。

田村　それしかないでしょうね。

上脇　地元の後援会、これも安倍総理枠ですよね。安倍さん独自の推薦もあり、独自の推薦は後援会には言わないでしょうから、両者は別のはずです。そこで安倍昭恵さんの推薦についての疑問が生じます。確か国会答弁の中で、「後援会が推薦する過程の中で昭恵夫人から」という説明が出てきました。でもこの説明が不可解です。というのは、安倍昭恵さんは後援会を通さずに言っていると思うのです。

田村　私もそう思います。安倍事務所にとっては、地元選挙区の有権者をどれだけ名簿でつかむかが重要であって、全国に散らばっている安倍昭恵さんのお友だちを把握する必要性が全くありません。また、名刺交換すれば招待状が届くということは、交換した名刺を誰かが管理している、それはもう夫人付の公務員でしょう。それがリスト化され官邸総理室に保存されていると考えるのが一番自然です。

ところが、衆議院内閣委員会では、菅官房長官が「昭恵夫人付職員は関与していない」と答弁し、その直後に、内閣官房の大西証史審議官、官邸総理室の担当者ですが、彼が「昭恵夫人からの推薦があった」と答弁した。安倍事務所を通じて昭恵さんの推薦があるということにしたのでしょうが、実際には直接、官邸総理室が取りまとめているとしか考えられません。

上脇　その二つの答弁が出てきたときに質問した議員が「どっちが真実なんですか」と問い詰めましたね。やはり辻褄が合わないところがあり、ボロが出てくる。

田村　そう、言えば言うほど出てくる。

上脇　安倍首相夫妻とお友達の森友学園に対して財務省が違法に安価な価格で土地を売ってしまった、あの時も昭恵さんが後援会を介するんじゃなくて職員を介して口利きをしていたのです。私はあのやり方は、たぶんここでも同じようにやられているんじゃないかと思うんです。

田村　当然そうだと思います。今回の場合、なぜ審議官があんなにあっさりと認めたかというと、これもまたブログにいっぱい出てくるんですね。昭恵さんから招待状をもらいましたとか、昭恵さんと一緒に写っている写真が。だから認めるしかない。ここが森友問題との違いでもあります。

上脇　そこが二つの事件の同じ面と違う面ですね。先ほどの話ですが、安倍首相とは面識がないけど昭恵さんとは名刺交換した人がいっぱいいるじゃないですか。すると、どう考えても昭恵さんは安倍さんの分身で、安倍さんがやれないことを公的にも私的にもやり、政治的事業にも安倍さんの公的な行事にも関与するというのがあの人の役割としか思えないのです。それが客観的な見方じゃないでしょうか。すると、本来だったら安倍昭恵さん枠と言ってもいいと思うんですが、そういう枠がちゃんとあるのだろうという気がします。形の上では安倍総理のナンバリングの中に含まれているのかも知れませんが、そうであればなおさらのこと安倍さんの「千人」は少ないですし、昭恵さんの関係者が自民党の後援会の中に入っているとは思えないです。すると菅さんもまだウソを言ってるんではないかと見ています。

限りなくイコールの推薦名簿と招待者名簿

田村　招待区分の「60」は歴代総理枠、つまり首相官邸総理室の取りまとめた招待者。官房長官、副総理、官房副長官にも、それぞれ該当する番号があり、自民党、公明党にもそれぞれ番号がある、このことが内閣府の資料に明記されています。この区分の人数でみれば、総理「千人」というのは絶対にありえない。

上脇　招待者数よりも実際の参加者が増えた理由はどのように考えていますか。

田村　1枚の招待状で、夫婦プラス未成年の子ども1人まで入場できることになっていますが、2016年以降、招待者数と参加者数の乖離が大きくなります。子どもが大勢走り回っていたと証言してくれた参加者もいますので、家族参加が増えたということはあると思いますが、内閣府からの招待状とは別ルートの招待があるのではと疑念を持っています。たとえば、前夜祭で演奏をした歌手が、その場で「明日の桜を見る会に参加しませんか」と招待状を渡されたとも聞いています。総裁選挙の年には、「桜を見る会」の前日に地方議員研修会をひらき、その場で参加の案内があったという報道もあります。自由に使える招待状が、安倍事務所や自民党にあったのではないのかと思えるのです。

上脇　正式な招待手続きさえ無視されたのですね。2019年にある省庁から推薦され招待された方から直接聞いたところによると、受付では「何人で来られましたか?」と応対していたそうです。招待者以外の参加者があるのが当たり前の状態になっていたようです。

そもそも論の話に戻りますが、推薦と招待は厳密に言うと違いますよね。推薦があっても予算の枠があります、招待の枠が1万人までです。だから「推薦を頂いたけど残念ながら今年度はここで切らざるを得ない」という判断をして最終的に招待を決めるわけです。ところが安倍首相の下では推薦が実質的にはもう招待になっていたのではないでしょうか。推薦と招待の厳密な区分が無くて、だからこそ安倍事務所の例の後援会の方々への案内状を見ると、正式な招待の連絡が来る前からツアーの申し込みができていたというのは、どう考えてもこの二つ、推薦と招待がもう一体のものになっていた。それが参加者も支出も膨れる原因にもなっていて、たぶん財務省はこれに目を瞑ってきたんだと思います。普通なら財務省が予算を決めたらその範囲内で行い、仮に予算をどうしても超えるとなるとお伺いを立てるしかないと思いますが、もう内閣府・内閣官房についてはそちらの決定を財務省が尊重するということで動いていて、だから少し過激な表現になりますが、安倍さんの独裁的な、そういう政治手法がここにも出ているということでしょう。

内閣府と内閣官房の建物

田村　野党追及本部の政府ヒアリングでは、内閣官房が「安倍事務所からの推薦の中でお断りしたケースがある」と答えています。それは余程まずい人を呼んだのではないかと思うんですね。例えばジャパンライフの山口さんを呼ぼうとしていたとか。実態は、限りなく推薦名簿と招待者名簿はイコールだと思います。常識的に考えて、政治家が招待すると言っているのに、事務方がはじくなどできるはずがありません。そもそも第二次安倍政権になってから、招待者名簿の決裁も行われていないという、決裁もなく推薦名簿から選び出す判断を誰がしたというのでしょう。

臨時国会閉会後、野党が質問事項をまとめ、内閣府と内閣官房が答えるという内閣委員会理事懇談会が開かれました。そのなかで私は「招待者名簿を廃棄したら、推薦した人のうち、誰が招待されて誰が招待されなかったのか、どうやってわかるのか」と質問したのです。各省庁にも政治家にも、同じ人を連続して招待しないようにと内閣府は求めているのですから、誰が招待されたかは大切な情報です。大塚官房長は、宛先を印刷した招待状を各省庁に渡している、それでわかるというのです。「それは、封筒から全部突合しろということですか」とさらに質問すると、そうだと、ありえない返事をするわけです。

推薦者側は誰が招待されたかわからない

上脇　新聞には「失笑」と書いてましたが、ということは逆に言うと招待者名簿を各省庁は持っていることになりますね。

田村　名簿としては渡していないというのです。封筒の宛て名をみてチェックする、そんなバカなことをやるわけがありませんけど。

上脇　招待の封筒は結構分厚いものですか。

田村　それなりの厚みになりますから、それで突合せよなんてまずありえないですよ。

上脇　常識で考えれば、内閣府が招待者を決定したら、各省庁に招待者のリストを渡すはずでしょう。そうしないとまた来年呼ぶかどうかを判断するときに、その人を呼ぶかどうかの判断ができなくなりますよね。なければ「招待するときにわれわれに一人ひとり確認しろということなのか」となります。

田村　その記事の「失笑」についてですが、答えるのに大塚官房長はしばしば考え込んだのです。実はあれが彼らの弱点なんです。招待者名簿が無い、誰が招待されたかわからない、それでは推薦した側はどうやってわかるのかと、ここが一つの突きどころだと実感しました。

上脇　断った方がいるなら、それは何人かと聞けばいいんじゃないですか。１人なんですか、２人なんですか、各省庁何人ですかと、具体的に答えさせると答えに困るでしょうね。

事実上の買収に当たる可能性

田村　なるほど。それは質問してみたいですね。推薦名簿イコール招待者、これは彼らが絶対に認めたくない。事実上の公職選挙法違反ではないのかという追及に、「最終的な招待者の取りまとめに関与していないので、ご指摘は当たらない」というのが、安倍総理の答弁ですから。

２０１９年の「桜を見る会」は統一地方選挙の真ん中で開かれていますし、直後には参議院選挙もありました。選挙との関連性が見えてしまう。安倍事務所のやっていることは、安倍さんがやっていることだと社会的にはみなされますよね。ですから安倍事務所から上がってきた名簿がそのまま招待者名簿だとは、どうしても言いたくない。

上脇　公職選挙法上の議論は別にきちんと検討しないといけませんが、「事実上の買収」の話になる可能性があると指摘されて困ったでしょうね。

同じ部署内で違う文書管理規則?

上脇　もう一つ指摘したい問題があります。推薦者名簿が各省庁のものは墨塗になって出てきましたが、その前に確か内閣府の官房の総務官室だけが推薦者名簿が無いということがありましたね。

田村　総理を含むいわゆる官邸推薦、政治家枠の推薦名簿だけが無いということになります。

上脇　これについてですが、当時の文書管理規則では廃棄できないという解釈が成り立つと思いますが、百歩譲って廃棄できるとしても、この規則は一つですよね。すると同じ部署内で違う規則が適用されるということになってしまいますが、おかしいですよね。こっちは残してこっちは廃棄したということになります。違う部署だと名簿の保存期間について「うちは1年です」「うちは2年です」とか、そういう答弁があり得ると思うのですが、同じ内閣官房の部署内で特定のところだけが1年未満ということになる。この点はどうなのでしょうか。

田村　内閣府の文書管理規則は一つですよね。

上脇　同じ部署内なら規則も運用も統一するはずでしょう。それがなぜ一部は廃棄して一部は残しているのか。情報公開請求でも一定程度は出てくると思いますが、たぶん今指摘した総務官室のものは出てこないでしょう。でもこれはどう考えてもつじつまが合わないと思うのです。さらに譲って、いや1年未満の廃棄ですと言った時に、同じ内閣官房の中でなぜこっちだけ残してこっちは廃棄なのかと、ここが私は突っ込みどころだと思うんです。だから部署によって保存期間が違うということがあったとしても、同じ部署内でそういうことがあるとはどう考えてもありえません。ということは、その廃棄はつまり証拠隠滅しかないでしょう。

田村　内閣府内の各部署で、それぞれに保存期間を定めている、という説明なのですが、内閣官房は無いことの理由を後付けしていますよね。

上脇　この点はヒアリングではまだ問いただしていないのですか。

田村　追及しても、個別の文書の管理については各部署が決めると説明を繰り返しています。内閣官房は、桜を見る会の推薦名簿は、「日常的定型的業務の文書としているので1年未満」なのだと。しかし、そもそも文書管理規則に基づけば、どう読んでも1年未満文書には当たらない、無理やり後付けで作ったものだということがよくわかります。

不適切を認めたが「資料はありません」

上脇　それはやはり痛い所を突かれているからこそ彼らは隠蔽の方向で走ったのだということでしょうね。では、もしこれが明らかになるとどんな問題になっていくのか。当然私物化という問題もありますが、法的にはどういう議論になるのかですね。

田村　事実上の買収という点は、追及していかなければいけないことです。安倍晋三衆院議員が総理であり続けるためには自民党総裁でなければならず、また自民党が選挙に勝ち続けなければなりません。総裁選も含めて自らの選挙のために「桜を見る会」を利用した。

公職選挙法違反の立件は、投票依頼をしたかどうかまで証明しなければなりませんから、たとえば東京地検特捜部まで動かせるかと問われれば、確かにハードルは高いです。だけど政治家は、少なくとも無料のおもてなしというのは、公職選挙法で買収が立件されるかどうかを考えずともやりません。買収が疑われるようなことをしてはならないし、それをやった菅原一秀前経済産業省大臣は大臣を辞任し、国民の前から姿を消さざるを得なくなった。税金を使ってやったら何の違法性も無いというのは、政治の世界で許されないでしょう。

また財政法上の目的外支出という問題もあります。「桜を見る会」の開催要領は、閣議決定ではありませんが閣議で配布され確認されています。その開催要領にそって予算も組まれます。その目的が後援会のおもてなしに変質させられたということは、目的外支出と言わざるを得ません。

公文書管理の法令違反は、政府も認めざるを得ない事態になっています。「桜を見る会」の招待者名簿が保存期間「1年未満」文書になったのは、森友学園問題で公文書のねつ造が問題となった後です。公文書の在り方が問われていた時に、総理に関わる文書をわざわざ「1年未満」にしたのはなぜなのか。また、2013年~2017年は「1年保存文書」で廃棄した年月日を記録しなければならないのに、その記録がない。これは歴代担当課長がさかのぼって処分される事態になりました。私は棄てていないから廃棄の記録がないのだと思いますが。法令違反が明らかになっても、官僚に責任を負わせて終わりというのはあまりにも無責任です。

財政法違反で内閣は責任を取るべき

上脇　私も財政法違反になると考えます。だから不適切だけじゃなくて違法だという考えです。憲法では国の財産については国会のチェックを得ることになっています。ということは、会計検査院でチェックし、さらに最終的には国会の決算委員会などでやらなければなりません。そして初めて合法だというお墨付きがもらえるわけです。そのためには文書を残しておかないと適法に行ったという証明ができません。規模が1万人を超えているし予算の１７６６万円も超えているわけですから、超えたことが違法でないということを説明する責任は政府側にあるのです。国民や野党が違法性を説明する必要はない。ということは、安倍政権側がその説明ができない時点で、誰かが責任を取って辞めるべきです。議院内閣制ですから、仮に百歩譲って官僚が勝手に廃棄したとしても、その行政権の行使については内閣が連帯して責任を負うのが憲法の規定ですので、その説明ができないということ自体で責任が問われなければならないのです。実はそれは森友学園事件の時もそうで、「適正な対価でないと譲渡できない」のに、それを証明するために様々な交渉記録や公文書があった。会計検査院も「値引きの根拠が確認できなかった」と言ってるわけだから、私から見るとあれは財政法違反だと言えるのです。ですから不適切だけじゃなくて、「これは違法じゃないですか、違法だとするとこれは大変なことになりますよ、違法じゃないという証明をそっちがしてください、だから文書を出すしかないですよ、文書が出せないのなら誰かが責任を取るしかないですよ」というふうに詰めていく必要があるかと思います。

田村　なるほど、そうですよね。その指摘はぜひ補正予算案審議で使わせていただきます。

安倍総理を背任罪で刑事告発へ

上脇　そうです。説明責任は向こうにあるんですから。そしてもう一つは、これは「桜を見る会」の予算と支出額を見て調べたのですが、超過額が2014年以降であっても合計すると1億6千万円を超えてしまいます。実はこれで安倍総理を刑事告発するために東京地検に告発状を提出します（2020年1月14日提出）。刑法の背任罪です。5年が時効なので2015年以降になりますが、それでも1億5千万円になります。

田村　その積み上げた額もぜひ予算委員会では出したいですね。

上脇　さらにもう一つ、文書の廃棄問題ですが、宮本徹議員が資料の提出を要求した1時間後に招待者名簿をシュレッダーにかけた、ということです。そうだとするならばこれは公用文書等毀棄罪になります。公用文書等毀棄罪は公文書でなくてもいいんです。私的な文書も含まれます。例えば政府が説明するときに必要なものであれば、私的な文書なども公用文書になります。森友学園事件は背任罪と公文書変造罪の他に公用文書等毀棄罪でも刑事告発しました。

「前夜祭」は公的行事を利用した後援会行事

上脇　さてここまでの話が「桜を見る会」の大きな論点についてですが、もう一つはいわゆる「前夜祭」あるいは懇親会と言われるものの問題です。文書管理関係は官僚が答えることになります。招待の過程の中で、どのような手続きをとっていたかについても官僚に答弁させるでしょうから、安倍さん本人は最初から答える気が無いと思いますが、一方、安倍後援会の「前夜祭」の問題は安倍さんしか知らないので安倍さんが答えるしかありません。「前夜祭」は「桜を見る会」と一体であって、ここがとても重要だと思います。ではこの「前夜祭」について田村さんはどうお考えですか。

田村　もともと「前夜祭」は名前のとおり「桜を見る会」が無ければやらない後援会のパーティです。安倍事務所作成の「桜を見る会」の案内状にも、「安倍晋三後援会主催　前日夕食会（会費制）」と囲みにして書いてあります。ところが会費制と書いてあるのに「前夜祭」のお金の流れが一切わからないのです。政治家がパーティを開けば、通常は政治資金収支報告書にパーティ券の収入、会場への支払いが記載されます。ところが安倍総理の政治資金管理団体6団体のいずれにも記載がありません。

「前夜祭」会場となったホテルニューオータニ

安倍総理は、参加者がホテルに直接払い、領収書もホテル側が一人ひとりに手交した、主催である安倍晋三後援会には入金もないし、ホテル側への支払いもなかったというのですが、こんなことあり得ないとだれもが思うでしょう。会費は5000円だったというのも、一流ホテルの最も大きな宴会場で、この価格でパーティができるはずがありません。

こうした疑問は、ホテルが作成する明細書を示せば答えになるのですが、安倍事務所にはないという。ホテルには7年間保管されているから再発行してもらったらどうかと迫ると、ホテルが「公開を前提として渡すことはできない」と言っている、という。相当にやましいところがあるのでしょう。

明白な政治資金収支報告書不記載違反

上脇　今、指摘されたように「桜を見る会」があってこそ初めて成立している「前夜祭」です。山口ではやっていないのですから。まず最低限、政治資金規正法違反の不記載に該当するのは、後援会員らへの案内に要した経費が安倍晋三後援会の政治資金収支報告書に記載されていない点です。事務所が後援会のいろんな方々に封書で案内状を送っており、これに費用がかかっています。これは一つの事業ですから、仮に百歩譲って、収入がなかったとしても支出には郵送代とか封筒代とか、何らかの経費がかかっているはずです。でもそれがまず出てこないこと自体がおかしい。不自然です。ですからまず不記載は明白です。もう一つはホテルとの契約の関係ですが、常識で考えるとこういう大規模なパーティをするときに、場所の確保、これをホテル側が全くお金を事前に取らずにやるとは思えない。「しんぶん赤旗」の調査によると、ホテルニューオータニの場合は規約により事前にお金を払うことになってるそうですから、安倍さんのところだから特別になっているということはあり得ないと思います。会場費についてもやはりいくらかはお金がかかっているはずです。ホテルがいかに儲けるかといった場合、普通の会議では使用料が高く、パーティの場合は使用料が安いのだそうです。なぜなら、パーティの場合は食事で儲けるからだそうです。つまりどう考えても会場費は少額であろうとも間違いなくこの人たちが利用するのだろうということでお金を払ってもらうことが決まりになっています。また参加者数が明確でない場合は、とりあえず払って後で精算する場合もある。そう考えると必ず支出があるわけですが、これも政治資金収支報告書に書いていないのも不自然なのです。

以上は支出でしたが、次は収入です。安倍さんは墓穴を掘ったと思うのですが、「ホテルの会場の前で事務所の職員が会費を受け取っていた」と言いました。受け取った時点で安倍後援会の収入です。たぶん後援会の人がホテルの受付に「後援会の参加費の支払いはここですか」と行くと、「いいえ、安倍事務所の後援会の受付は別の場所です」と言われたと思います。どう考えてもホテルが予約をされていない参加者から参加費５千円を直接受け取ることはあり得ないのです。そうすると収入についても安倍晋三後援会の政治資金収支報告書に書いていない。

田村　主催は、「安倍晋三後援会」、参加費は安倍事務所の職員が受け取ったと、安倍総理は認めているのに、「安倍晋三後援会」の収支報告書に記載は一切ありません。

パーティ赤字の不足分は裏金で補填か

上脇　ですから政治資金規正法違反が明らかなのです。その金額が何百何十円まで明らかにされるのは今のところ難しいけど、大体の概算はできます。その書かなかった理由を憶測すると、たぶん赤字なのではないでしょうか。つまり「5千円しか払わずに得した」というパーティになっていて、参加者は「たった5千円で、こんな高級ホテルで、会場費を含むと一人1万円は超えるようなパーティが楽しめる、安倍さんにも会えてこの後援会に来てよかったな」と思うでしょう。中にはコピーした招待状をもって参加した人もいたし、後援会員でない人も来ていた。すると、「そうか後援会に入るとこんな得なことがあるんだ」ということになります。これは、公選法違反の買収になることもあるけど、少なくとも違法な寄付にはなってくる。さらなる問題は、この赤字をどこで誰が負担したのか、です。私はそこに裏金があるんじゃないかと思っています。裏金があるから書かなかったのじゃないか、と。

田村　普通に考えればそうですね。ホテルニューオータニは日本有数の一流ホテルでよね。そこのパーティに参加できるというだけで、おそらく下関からきた方々にとってはプレミアムです。加えて、私たちが下関でお話を伺ったら、安倍さんはなかなか地元に帰ってこないから、そういう場に行けば安倍さんとツーショット写真が撮れる、これも特典なんです。提供された食事が5千円と釣り合うかどうかはいろいろ意見があるようですが、特別な場所で、総理が主催する行事に参加できて記念撮影もできる。そういうもてなしなんです。

一方で、会費は5千円より高くはできなかったのではないでしょうか。宿泊費、交通費、都内観光で6～8万円ぐらい払ってますから、前夜祭でさらに1万円ではハードルが高くなります。事務所のほうも安倍総理といかに接点を作るかを考えているわけですから、そうすると金額を抑えるしかないでしょう。先日、追及本部に来られた無所属の市会議員さんは「払ってない人もいた」と話されて、びっくりしました。また2018年はソプラノ歌手も出演されたことがSNS情報で確認されていますが、「あんな凄い衣装を控室もないところでどうやって着替えるのか」という疑問の声もあります。まさか女子トイレで着替えさせたわけではないでしょう。宴会場とは別に控室も必要になる。そういうことを含めて考えると相当な赤字じゃないかと思えますよ。

上脇　ですから、その赤字をどうやって補填しているのかと考えると裏金しかないのです。何らかの表に出せない、それこそ官房機密費から、とかですよ。亡くなった野中広務さんは、官房長官時代に「毎月総理の部屋に1千万円運んだ」と証言してます。その慣行が続いていれば、安倍総理大臣ももらっていると思います。他の可能性としては毎月百万円、国会議員に交付される文書通信交通滞在費も考えられます。あるいはまた、政党支部なのか後援会かは別にして、政治団体が裏金を持っていて、そこから補填していることも考えられます。すると裏金をあっちこっちで使っている可能性も出てきますので、安倍さんの政治資金の管理自体がいい加減だと、法律なんか順守していない、ということになりそうですね。

突きどころのホテル領収書問題

田村　11月8日の質問では、前夜祭があったことは示しましたが、政治資金規正法上の問題は指摘をせず寸止めにしました。それにも関わらず、参加者がホテル側に支払ったと、安倍総理は答弁しました。私は聞いていないのに、やましい所があったからでしょうね。危機管理をしないとまずいと、しかもこれは官僚答弁では答えられないから。おそらくかなり準備して臨んでいたのだろうと思います。

上脇　ホテルが本当に領収書を出していないのならホテルは正直に「出していない」と言えばいいですよね。個人情報にはならないですよ。「安倍さんの事務所から支払いを受けた覚えはないです」と言えないというのはどう考えても事実は逆でしょう。常識で言っても安倍さんの説明は通らない。官僚が答弁できない、こういう問題が安倍さんにとっては一番のアキレス腱になる。さっきも言いましたが、安倍さんは何か言うと墓穴を掘るんです。墓穴を掘ると迷惑を被る人がいるんです。ホテルも困ってるんじゃないでしょうか。

田村　森友学園の国有地売却に昭恵夫人は一切関わっていない、もし関わっていたら議員も辞めると言ったあの答弁もそうですね。ここが突きどころなのですが、一度も一問一答の質疑をしていない部分なんです。

上脇　その追及を受けてからは逃げ回って臨時国会に出なかったじゃないですか。

田村　一方通行の本会議とは違いますからね。

相手の答弁を前提に小さなことから崩していく

上脇　それは小さなことだけど、そういうことから一つ一つ、先ほどの郵送代のこともそうですが、「どう考えても費用がかかっていますよ」とかね、そういうことから攻めていくと、もう否が応でも認めざるを得なくなる。すると予防線がどんどん後退していきます。ここまででどうにかしたいと思っていたのに、それがどんどん追い詰められていく。例えば調査もしないと言っていた招待者内訳は言わざるを得なくなった。それでもそれがまたウソだったのですが、そこがねらい目だと思うんです。

田村　本当のラインがこのぐらいで、その5メートルぐらい前の予防線でまず答弁しておいて、これがウソだとバレる。この繰り返しですね。

上脇　それは安倍さんもそうですし、菅さんもそうですね。向こうの答弁を前提に崩していくことです。「推薦者名簿をなぜ隠すのですか」と。例えば「タレントなら喜んで名前を出すでしょう」と。そうやって一つ一つ崩していくことで、彼らが守ろうとしていたものを出さざるを得ない。そこが開示されると他も開示せざるを得なくなるというパターンが出てくると思いますので、そういう細かいところから緻密に攻めていくのがいいと思います。「赤旗」がスクープしたような新しい内部情報が出てくればそれで攻めればいいと思いますが、仮にそれが今後無いとしても、そうやってすでに出てきたことの矛盾を追及していくのが有効でしょう。ですから、「なぜ内閣官房の一部署だけなのか」とか、「全国あちこち動き回っている昭恵さんが関与しているのが、なぜ山口の後援会の位置づけになっているのか」と、そういうところは詰めて追及できる部分だと思います。

田村　そうですね、マスコミも招待されているのですが、記者の方は、部長など特定の役職宛に招待状が届くので、毎年あらかじめ名前の確認が、内閣官房からくると言うのです。前年の名簿を持っていないとできないわけです。

上脇　それは大事な点ですね。推薦したところが言うだけじゃなくて、内閣官房がそれを確認するというのは、そこは見過ごせない点ですね。

田村　そうなんです。マスコミ関係者や著名人は内閣官房枠になりますから。内閣官房も名簿をもっていないとおかしいんです。

上脇　すると、「２０２０年はやらないけど来年はどうするのか」ですよね。

防衛省、国交省の名簿から気づく

田村　野党の追及によって、各省庁は内閣府に提出した推薦名簿を3～10年間保存していることもわかりました。全省庁に推薦名簿提出を当然、野党は求めましたが、内閣府が「こちらでとりまとめて提出する」と、各省庁を抑えにかかった。しかし、各省庁は、もう付き合ってられないというように、私の事務所にも次々と名簿が提出されたのです。一番初めに出してきたのが防衛省、次が国交省。この二つの名簿は、民間人の名前と住所は黒塗りでしたが、たとえば、防衛省の名簿で民間人というのは殉職者のご家族なのです。防衛省にとっては、それは栄誉となる招待だということでしょう。隠すようなことではない。さらには、公務員には受付票番号が20で始まるナンバリング、審議会議長は40番台という共通性もわかった。番号には意味がある、それでは60はなんなのか。こういう質問ができたのは、各省庁が番号を黒塗りにしないで名簿を提出したからです。これを内閣府がとりまとめていたら、番号も黒塗りだった可能性があります。

その後、2005年の招待者名簿を宮本徹議員が、国立公文書館で確認していますが、推薦名簿というのは当時と今もほとんど変わっていない、60は総理からの推薦者であることも確認できました。また、招待者が増えたのは政治家のところだということも確認できました。結局、菅官房長官が、「総理千人」と言ったのは、すでに安倍後援会で850人という数字が出ているから、これに合わせたのではないでしょうか。

上脇　NHKの解説委員が「時論公論」で書いていましたが、かつて行われた「桜を見る会」では招待者名簿が見られたとそうです。ですから個人情報だという理屈は通らないんじゃないかと思います。また他の同じような催し物では公開が原則です。第一に公金を使っている。かつ、本来ならばこんな功績がある人だというわけだから、むしろ名誉なことです。タレントも含めてだけど、どう考えても名前を出して不都合なことはないはずです。ところが出すとマズイ人が少なくとも安倍さんを中心にいるから、出せない。そこがあるから全部を出せないという処理になっている。だからそこを出させる。本来なら国会が国権の最高機関です。それが安倍政権では内閣優位になっていて、そういう意味でいうと議院内閣制が壊れているのですね。

内閣官房の異様と議会制民主主義の否定

田村　今回の特徴は、内閣官房がとりわけ異様だということです。他のところの推薦名簿は残しているのに、ここだけが1年未満の保存期間にしている。内閣の直接の事務局という位置づけで、内閣府の一部局でありながら内閣官房が肥大化し権限を集中して持つという中で、いろんな意味での私物化が首相官邸直結ですすんできました。「桜を見る会」が象徴的ですが、大学入試改革も、内閣官房の下に置かれている教育再生実行会議で、議長は安倍総理です。ここがトップダウンで改革を決定し、矛盾があるのがわかっていながら突き進んでいった。大学無償化も、国立大学では所得制限が厳しくなって対象が狭まってしまう問題が明らかになりましたが、あれも文科省を差し置いて、内閣官房で制度設計が行われました。責任者は文科大臣ではなく、内閣官房直結の全世代型社会保障担当大臣でした。幼児教育無償化も同じです。内閣官房のトップダウンで各省庁に政策を下ろしていくという、異常としかいえないやり方が、この7年間で続いています。

上脇　それは結局裏返せば、議会制民主主義の実質的な否定、形骸化になります。本来ならば、主権者国民から選ばれた国会が国権の最高機関であって、民意を正確に反映できる国会が議論して、政府が出した予算もチェックするわけですが、ところが、現実はそうなっていない。以前首相公選制が議論されましたが、その公選はせずに首相の権限だけ強化するという、そこだけが残って、リーダーシップの発揮、つまり「決められる政治」がめざされました。するとやはり議会が形骸化されてしまい、あとは野党が追及する時間さえ過ぎれば強行採決する、ということになってしまった。だから私は森友学園事件のことで言いましたが、もっと広い意味で見ると、憲法が要請している議会制民主主義自体が法律レベルでは成立してはおらず、議院内閣制も壊れている。そこに就任してはいけない人が首相になってしまい、好き勝手に上で政策を決めてしまい実行してしまう。だから財務省も予算には文句は言わないという構造になっている。ということは、この問題は「桜を見る会」一つのことではなくて、全体から見ると安倍政治を象徴するそういう大きな問題だということをきちんと位置付けておかないといけないですね。

田村　議会側の形骸化とともに各省庁の政策の形骸化も、内閣官房によってもたらされてしまいました。国家戦略特区も内閣官房です。地方創生も規制改革も全部です。そしてここで決められたことが1ミリも動かされずに各省庁での具体化が迫られるという、どんな矛盾があっても1ミリも動かない。それはとても恐ろしいことだと思います。そんな中、大学入試改革が中止になったことはとても画期的なことでしたが。

7年間の安倍政治を象徴する問題

上脇　いわゆる特区構想も加計学園で利用されました。「総理の意向」もありました。各省庁の今までの方針を否定する方向で動きました。ですから安倍政治を象徴する一つとして位置付けておかないといけない。なにも特別な出来事ではないということですね。

田村　特別な単独のスキャンダルではありません。私物化と言いますが、それがお友だち優遇では留まらないのです。内閣官房を肥大化させ、まさに政治を思い通りに、思いつくままに動かしてきたという、その我が世の春が「桜を見る会」に表れています。

上脇　今の指摘はとても重要ですね。だからこの問題をうやむやにするということは、安倍政治をうやむやにするということで、今までのやり方がいかに問題だったか、そこを全体の中に位置づけておかないと、これだけが特別だということにはならないということですね。

田村　そうやって政策転換してきた、政治を歪めてきただけでなく、そうした政策決定の資料も捨ててしまったというところが、また恐ろしいことです。後世において、安倍政治の7年間については本当に検証しないと、民主主義とは何なのか、行政府における民主主義とは何なのかということを検証する、後々の財産にしなくちゃいけないと思っています。

決済行為は誰がしたのか

上脇　ところで、今後の追及について考えておられることはありますか。

田村　まず誰が最後に招待者を決めたのかということです。推薦者名簿が上がってきたことを取りまとめたと言いました。取りまとめた。取りまとめたら招待者を決することが必要です。そこはどうしていたのかということがあります。

上脇　断った人もあったそうですからね。

田村　安倍事務所から推薦があった人について全部を招待したんじゃないですかと問いかけをしたら、

断った例がありますという返事が返って来たんです。

上脇　それは誰がどこで断ることを決めたのですか、ということがポイントですね。

田村　総理府時代に「桜を見る会」を担当された方が私の事務所を訪ねてくれたのですが、決裁が無いなんてありえないとおっしゃってました。政治家が決めてきたものを官僚が勝手に「この人ダメだ」なんて言えないと。断った人があれば失礼があってはならない、そういう意味でも決裁行為がないなんてありえないと強調されていました。

上脇　一方、官僚からすると自分たちが責任を負うわけにはいかないので、やはり政治家に判断してほしいんです。どこかで誰かにオーソライズしてほしい。そういう意味でも決済が無いとはありえない。

田村　官僚一人で全部責任を取るかというと、それは取らないですよ。

上脇　どこかで「この人数でいきましょう」という確認がされないと発送できませんから。

田村　「最終的な取りまとめに関与していない」という総理の答弁から、「断った人がいる」という答弁になった、安倍事務所の名簿がそのままスルーで招待ではないよということにしないと、また答弁との不都合が出てきてしまいますから。だけどそういったことでさらに矛盾が出ています。

上脇　相手の答弁を逆手にとる追及が効果的だと思います。そうすると官僚も困るし安倍さん自身も困っちゃう。最後の最後は場合によっては菅さんが判断するとか、主催者である安倍さんがどこかで何か言わなければならない、という話になってしまいますよ、ということでしょう。

「1年未満」に変更の理由は不明のまま

田村　あともう一つはやはり1年未満のことですね。1年未満になぜ位置付けたのか、いつからどういう考え方で位置付けたのか。過去で言うと国立公文書館に保存されている「桜を見る会」の文書は多々あるわけです。歴史的に考えた時に、そういう文書を1年未満と位置付けるには、なんらかの根拠を持たなければおかしいじゃないですか。内閣府の人にこの部屋にきてもらって、「桜を見る会」の文書の取り扱いについて歴史的経緯を説明してほしいと聞きました。でも何も答えられませんでした。

上脇　それを言うと、「実は誰々の指示でこうしました」ということになりますからね。

田村　そうなんです。まさに「桜を見る会」が追及されるという動きが見えてきたときに、わざわざ1年未満と位置付けるわけですから。官僚の仕事は、良くも悪くも前例主義ですから、普通ならなぜそういう前例なのかと尋ねると一生懸命考えてさらにその前例を遡って説明するのです。公務って、いい意味ではそうなんです。ですからそれを変えるときには、変えるなりの理由が無ければおかしい。

上脇　本当はこうなった一番最初のことを説明しないといけないのだけど、いつの間にか長い時間がたってしまうと、ただ「前例ですから」ということになってしまう。なぜ前例を変えないかというと、「問題が特に指摘されなかったので変えなかった」というのが大体の答弁です。ということは誰かがそこに口を出したんですよ。「今までのやり方を変えろ」という指令を誰かが出している。そうでないと変えないですよ。

田村　そこを含めて1年未満になぜしたのか。2019年の「桜を見る会」も、なぜ5月に捨てなきゃいけないのか。マイナンバー制度のように高度な個人情報を一元管理しようとしていながら、「桜を見る会」程度の個人情報が守れないから廃棄するなんて、それは全く理由が成り立たないでしょう。そんなにあなたたちの管理は杜撰なのですかということになりますから。

上脇　官僚とはきちんと前のことを残すから仕事ができるのだと思います。翌年の「桜を見る会」をやるためには残しておかないといけません。先ほど言いましたが、会計検査院が万が一「招待者名簿を持ってこい」と、あるいは決算の国会で要求された時に説明できないといけないわけです。説明責任の点でも。翌年の実施を考えると、百歩譲って考えても1年未満にするはずがない。仮にそうしたのなら「それはあなたたちの責任です、なぜ検証できないのに変えたのですか」と。しかし「1年未満だから廃棄したんです」と開き直っていますよね。本来はその逆であるべきなんですよ。

田村　理由になってないんです。招待者名簿はなぜ1年未満なのか聞くと、保存期間表で1年未満に置いたからだと言います。そうじゃなくてなぜそこに置いたのかということなのに、保存期間表に1年未満だと定めたからだと、答えになっていないんです。

上脇　一見、法令に従って、客観的なものに従ってやりました、という答えに近いのだけど、問題なのは、今までのものを変更したのだから、その変更した理由を問われているということです。

田村　そうです。でもそこが答えられないという、なんだこの回答は!?という回答ですから。

上脇　説明責任を果たさない方向で変えていますからね。今までのやり方が踏襲できない方向で変えていますから、官僚の仕事としてはもうありえないことです。ですから私はどこかに招待名簿はあるのだと思います。

田村　あります、あります。出さなくていいように、1年未満文書のところに入れたというだけの話だと思います。これが内部告発で出てくればいいのですが。

官僚の公たる立場を自覚してほしかった

編集部　ところで11月14日の内閣委員会で官僚の方たちに向かって呼びかけをされていました。私はあれがとても印象的だったのですが、どういう思いで言われたのですか。

田村　11月8日に安倍総理が行った答弁はやはりウソだったんです。そして僅か1週間後に彼らはそのウソを認めざるを得なくなりましたが、それでもまだそのウソに付き合って守り切るつもりなんだろうかという思いが私の中には強くあって、同時にそれは「桜を見る会」だけの問題ではありませんでした。これまでどれだけ同じことが繰り返されてきたのかということです。それに対する憤りが原稿を書きながら突き上げてきて、こんなことにいつまであなたたちは付き合うのかという、それは安倍総理には突き刺すけども、官僚にはやはり公たる立場を自覚してもらいたいという思いがものすごくありました。だからもう安倍総理には付き合うな、守らなくていいと言わざるを得なかったんです。あの場には安倍総理がいませんでしたので。

編集部　その問いかけに対する反応は何かありましたか。

田村　その後の追及本部のヒアリングでもう少しまともなやり取りになるかなと思いましたが…。特に60番問題をめぐっては　内閣府自身の資料をもとに質問しているのに、そこに確かに書いてありますが意味するところがわかりませんというような回答だったり、職員に聞き取りはしませんと言ってみたり。そんなやり取りで、内閣府に関して言えば、本当にそれで恥ずかしくないですかということです。

上脇　官僚からするとどこまで言えるか、というのがあるでしょうが。

田村　人事権を握られると、ここまで物事が腐っていくのかということを象徴しています。

通常国会で逃げる総理を追い込む

上脇　これからの追及をしてく上で、隠し玉とかありますか。

田村　いや、そういう秘技はないです。ただ、総理との一問一答があのような全面否定の回答で終わっていますので、率直に言うと11月８日の質問をもう一度やってもいいかなと思っているほどです。あれでウソをついていないと言われると、どんな嘘つきも正直者になっちゃいますよね。

上脇　糸口はあると思いますので、ぜひ頑張ってください。

田村　はい、今度の１月の国会では、何らかの形で彼が再起できないぐらいのダメージを与えておかないと、日本の民主主義にかかわる問題だと思います。もし同じ答弁を繰り返していたら、それを見た国民がどう思うかは今までとは全く違うものになると思います。11月８日にあのような答弁をして、その後だらしない記者会見を行い、そのうえで臨時国会閉会日の記者会見で、「自分の手で憲法を変える」と言ってるのを聞いた時に、そこで抱く感情は、11月８日以前とは全く違うと思います。

野党「追及本部」の多様性が力を発揮

編集部　最後になりますが、野党が一緒になっての追及本部の取り組みですが、その中で感じておられることや、さらに今後の野党共闘について、そしてその発展として野党連合政権へと方向が出てきている点で、それに向けた思いはいかがですか。

田村　私の最初の質問は無視されていましたが、野党がみんなで結束して動いた途端にマスコミが取り上げるようになった、この経過から見ても、やはり野党の結束が無ければここまでの大問題にはできなかったと思います。他の野党のみなさんにとっては、鳩山内閣で一度経験しているので、当初はブーメランになるんじゃないかとか言われてましたが、立憲民主党の安住淳国対委員長は最初から「そんなもの恐れるな」と、こっちに非があればその非を認めて国民に対して申し訳なかったと謝ればいいことだと、ましては安倍さんのようなやり方は絶対にしていない、だから恐れることなくとことん追及するんだと、追及チームの最初の会合の時に言われました。これはすごい、そこまで腹を括っているのかと嬉しく感じました。

また政権与党を経験した人たちは、政府の中のことが分かっていますから面白いです。どういう部署の役人にどういう単語で聞けばいいのかを含めてよくわかっているのです。官僚は、単語の使い方の違いでも言い逃れをしますから、そう聞かれなかったから答えませんでしたと平気で言います。それを逃がさない言い方で突いていくことができるのです。それはとても勉強になります。たとえば「決済行為」という言葉ですが、私は「ノーチェックだったのか」と聞いていましたが、他の野党議員は「決済行為」があったのかと聞くわけです。ああ、なるほどこう聞けばいいのかと勉強になったのですが、あのようにわかって聞くと官僚は逃れられない。やはり「ノーチェック」と「決済行為」とでは意味が違ってきますからね。

上脇　答えない理由を考えた時に、自分たちが質問されていないと受け取れるような質問だったら、どんどん躱そうとしますよね。ところが「決済行為」という表現だと逃げられないから。

田村　そうです。あったか、なかったか、答えるしかないのです。

上脇　そこはやはり官僚に通じる質問の仕方なんですね。

田村　与党を経験していない私たち日本共産党は痛いところは何もありません。脛に傷が無いのでガンガン行きます。片や政権を経験したことのある議員は、その独自の知識と経験によって今の安倍政治の異常さを突ける。ですからそこがタッグを組むと、多様性が力を発揮することになると感じています。

上脇　ここにも野党共闘の成果が表れていますね。

田村　そうです。それが作戦会議を含めてできるようになったことはとても大きいと思いました。

上脇　議事録を読むと、共産党の質問を引き継ぐような形で質問している他党の方もいますよね。広い意味でのチームワークができているのだろうと思います。

田村　質問した人が答弁を瞬間に咀嚼して次の質問をするのはなかなか難しいんです。答弁をじっくり聞いていた人のほうが、矛盾点に気が付いたりします。そこが作戦会議で同じ問題意識を共有していることのいい点です。

上脇　一定の情報共有したほうが論点も見えてくるんですね。

田村　今回の「桜を見る会」はほとんどの情報を共有しています。本当にすごい共闘になってます。かつて経験したことのない共闘ですね。

政権交代で民主主義の真価を問う

編集部　では、そういう経験がベースになってからいよいよ野党連合政権へ向かうことになるのですね。

田村　本当にそうしなければならないです。安倍さんが引き摺り下ろされて別の自民党の人が総理になっても、少しはマシになるかも知れないけど、でも誰一人この異常な安倍政治に対してまともに闘ってこなかったのが自民党です。むしろ圧倒的多数が守ってきた。石破茂さんが少し厳しいことを言っていますが、それで自民党を抜けることにもなっていません。こうして異常な人を守ってきた。その人たちにまた政権をということでは、やはりダメですよ。真っ当な政治という、その一点だけでも政権交代の意味があると思います。真っ当な政府と議会の関係を真っ当にするだけでも全然違ったものになると思います。

上脇　まずは安倍さんを辞任に追い込まないといけませんが、そこで満足してはいけない。これまで安倍さんと二人三脚、あるいは安倍さんを積極的に支えたグループがいるし、積極的に批判しなくて間接的に支援したグループがあります。ですから、安倍さんが辞めたからといって、安倍さんと全く違うものができるとは到底思えない。だからこそ、「野党共闘で本当に政治を変えよう」という流れを作っていかないと、単に安倍さんが辞めればいいということではないと思いますね。

田村　そこまでやって政権交代すれば、捨てたことになっていた数々の文書が出て来るでしょう。そうでなかったら隠されたままになってしまいます。やはり本当に政権交代した時に、この7年間いかに隠蔽され、いかに改竄されてきたかということが初めて明らかになってくると思いますし、それが世に出た時に、やはり民主主義とは何かということを、日本国民全体に問える状況になると思います。

上脇　ある職員が「手控えで、実は招待者名簿を持っていました」とかね。

田村　それはあると思います。実務上、必要なものですから。60番が何人という、それが無かったらおかしいわけですから。

上脇　やはり政権交代ですね。

田村　はい、森友・加計もその時に出てきますよ。

上脇　そうですね。今日は、ありがとうございました。

資料　安倍事務所作成の「桜を見る会」＆「前夜祭」関係文書

提供：「しんぶん赤旗日曜版」

平成３１年２月吉日

各 位

安倍晋三事務所

『桜を見る会』のご案内

謹啓、時下ますますご清栄のこととお喜び申し上げます。

さて、本年も下記のとおり総理主催の『桜を見る会』が開催されますので、ご案内申し上げます。

なお、ご出席をご希望される方は、２月２０日までに別紙申込書に必要事項をご記入の上、安倍事務所または、担当秘書までご連絡くださいますよう、よろしくお願い申し上げます。

内閣府での取りまとめになりますので、締切後の追加申込はできませんので、ご了承ください。

記

１．開催日時　　平成３１年４月１３日（土）
　　　　　　　　ＡＭ８：３０～ＡＭ１０：３０

２．開催場所　　新宿御苑

３．主催　　内閣総理大臣（内閣府）

【あべ晋三後援会主催 前日夕食会】（会費制）

○開催日時　　平成３１年４月１２日（金）
　　　　　　　ＰＭ７：００～〔予定〕

○開催場所　　ホテルニューオータニ

FAX：　　　　　　　　　　あべ事務所行

内閣府主催「桜を見る会」参加申し込み

平成３１年４月１３日（土）

≪記入についてのお願い≫

※ご夫妻で参加の場合は、配偶者欄もご記入ください。

※後日郵送で内閣府より招待状が届きますので、必ず、現住所をご記入ください。

※参加される方が、ご家族（同居を含む）、知人、友人の場合は、別途用紙でお申込み下さい。（コピーしてご利用ください）

※紹介者欄は必ずご記入ください。（本人の場合は「本人」とご記入下さい。）

※前日の「夕食会」「観光」「飛行機」等につきましては、後日、あらためて参加者の方にアンケートさせていただきます。

紹介者（　　　　　　　　　）

	参加者	配偶者
ふりがな 氏　名		
性　別	男　・　女	男　・　女
生年月日	昭/平　　・　　・　　生 （満　　才）	昭/平　　・　　・　　生 （満　　才）
職業・役職 (例:会社役員、自営業)		
現住所	(〒　　－　　　) ※自宅住所をご記入ください。	
連絡先	(自宅)	
	(携帯)	

〔お問合せ〕　　　　　　　　（あべ事務所）

平成３１年2月吉日

各　位

あべ晋三事務所

『桜を見る会』について（ご連絡）

この度は、総理主催『桜を見る会』へのご参加を賜わり、ありがとうございます。

つきましては、4月１２日～１３日のスケジュールおよび開催概要をご連絡いたしますので、別紙アンケート用紙にご記入のうえ、期日までにご返信くださいますようお願いいたします。

なお、都内観光ツアーにつきましては、各コースとも人数に制限がございますのでお早目のお申し込みをお願いいたします。

開催概要

○都内観光ツアーについて

Ａ・Ｂ・Ｃの３コースを予定しております。（詳細は別紙参照）

○夕食会について（予定）※開始時間が若干変更になる場合があります

日時　4月１２日（金）　１９：００
会場　ホテルニューオータニ
会費　５０００円（18歳以上お一人様）　※当日、受付でお支払下さい。
主催　あべ晋三後援会

○桜を見る会について

① 会場送迎バス　（ ホテル ⇔ 新宿御苑 ）※号車は、後日ご連絡いたします。
　出発時間　７：００　※時間厳守でお願いします。
　出発場所　ホテルニューオータニ
② 総理夫妻との写真撮影は、バス号車ごとに行います。
　送迎バスに乗車されない方は、総理夫妻との写真撮影が困難となりますことをご了承ください。
③ 服装は平服でかまいません。

○招待状について

① 招待状は内閣府より、直接、ご連絡いただいた住所に送付されます。
② ご夫妻でお申し込みの方は、ご主人様宛てとなっております。
③ 18歳未満の方は、保護者宛てとなっております。
④ 代理でのご出席、および再発行はできませんので、ご了承ください。
⑤ 招待状を紛失された方は、身分証の提示が必要となる場合があります。

FAX.　　　　　　　　　　（あべ事務所行）　３月８日までにお申し込み下さい

≪申し込み≫　１８歳以上の方、全員に申し込み用紙をお送りしております。

氏　名	（連絡先）		
お子様（１８歳以下）			

桜を見る会アンケート（４月１２日～４月１３日）

※ 該当箇所に✔印をつけて下さい。

【観光コース】（４月１２日）※別紙参照	（　）Ａコース（　）Ｂコース（　）Ｃコース （　）観光コースは利用しない
【夕食会】 日時：4月12日(金)19時～ 会場：ホテルニューオータニ 会費：5,000円　※18歳以上	（　）参加　※会費は、当日、受付でお支払下さい。 （　）不参加
桜会場へのバス利用（ホテル7:00発）予定	（　）利用する（往復・行きのみ） （　）利用しない
飛行機の手配（不要の場合も記入）	（　）あべ事務所で手配（往復・帰りを変更） （　）自分で手配
ホテルの手配（不要の場合も記入）	（　）あべ事務所で手配（宿泊先：ホテルニューオータニ） ※部屋タイプ（シングル・ツイン・ダブル） （　）自分で手配

※諸経費につきましては、下記を参考にして下さい。（お一人様／単位：円）

※金額は、おおよその額です。参加人数等によって変わります。

※１２日の昼食代を含んでいます。（Ａ・Ｂコース）　※旅行会社より後日請求書発行

往復飛行機代＋ホテル代（１泊朝食付）＋移動バス代＋観光施設				桜会場へのバスのみ利用の方
	Ａコース	Ｂコース	Ｃコース	
３名１室	65,000	64,000	60,000	片道 1,200 往復 2,000
２名１室	65,000	64,000	60,000	
１名１室	79,000	79,000	75,000	

帰りの飛行機を変更される方は、搭乗日と飛行機便、その他ご希望等をご記入下さい。

連泊される方は「桜を見る会」終了後、ホテルまたは現地で解散となります。

安倍事務所ツアー案（別紙）

コース	A		B		C	
4/12（金）	7:45	宇部空港発　ANA692	7:45	宇部空港発　ANA692	7:40	宇部空港発　JAL290
	9:20	羽田空港着	9:20	羽田空港着	9:15	羽田空港着
	10:30	築地本願寺　見学	10:30	目黒雅叙園 百段階段 （見学・バイキング昼食）	11:00	カップヌードルミュージアム横浜 見学
	11:50	シンフォニーランチクルーズ （昼食）	13:20	浅草寺・仲見世通り　散策	12:30	山下公園・横浜中華街 （散策・自由昼食）
	14:15	お台場散策（豊洲市場ほか）				
	15:45	ホテル着 ニューオータニ（泊）	15:45	ホテル着 ニューオータニ（泊）	15:45	ホテル着 ニューオータニ（泊）
	19:00～	あべ晋三後援会　夕食会 会場：ホテルニューオータニ（会場未定）				
4/13（土）	7:00～	ホテルニューオータニ　発　※随時出発				
	7:30～10:30	桜を見る会〔新宿御苑〕　※総理夫妻と記念撮影				
	11:10	ホテルニューオータニ　着（12:00 チェックアウト）				
						（自由行動・昼食）
	12:40	ホテル　発	12:40	ホテル　発	14:00	ホテル　発
	13:30	羽田空港　着 （自由行動・昼食）	13:30	羽田空港　着 （自由行動・昼食）	15:00	羽田空港　着 （自由行動）
	15:15	羽田空港　発　ANA697	15:15	羽田空港　発　ANA697	16:40	羽田空港　発　JAL295
	16:55	宇部空港　着	16:55	宇部空港　着	18:20	宇部空港　着

平成３１年３月吉日

各位

安倍晋三事務所

桜を見る会
「懇親会」についてのお知らせ

春陽の候　ますますご清栄のこととお喜び申し上げます。
平素より、何かとお世話様になり、衷心より厚くお礼申し上げます。
また、この度「桜を見る会」にご参加を賜わり、ありがとうございます。
つきましては、「懇親会」は下記のとおりでございますので、ご連絡申し上げます。

記

【懇親夕食会】

日時　４月１２日（金）１８：３０～

会場　ホテルニューオータニ
鶴の間　＜宴会場階（ガーデンタワー5階）＞

会費　５，０００円（18歳以上・お一人様）
※当日会場入口にてお支払ください

＜４月１３日・新宿御苑へ直接行かれる方へ注意点＞

○招待状に同封の『受付票』のご持参を忘れないようご注意ください。
○ご招待様ご本人が欠席の場合でも、他の方への譲渡はできません。
　※当日、免許証等で本人確認をする場合があります。
○入苑（受付）は、各門にて８：３０からになります。

〈第2部〉
「桜を見る会」&「前夜祭」の政治的・法的問題

上脇博之

1月14日、安倍総理を背任罪で告発した上脇氏（左から3人目）ら（提供：しんぶん赤旗）

第1章　2020年度「桜を見る会」中止と真相解明の必要性

第1節　「桜を見る会」とは?

戦前の「観桜会」は天皇主催

戦前は国民が主権者ではなく、天皇が主権者でした。大日本帝国憲法（1889年2月11日発布、翌90年11月29日施行）によると、「万世一系」の天皇が「大日本帝国」を統治し（第1条）、天皇は「神聖」で侵してはならない存在とされ（第3条）、国の「元首」として「統治権」を「総攬」していました（第4条）。日本版の王権神授説に基づく天皇主権（君主主権）でした。

この時代、「観桜会」という名称の公的行事があり、天皇主催でした。1881年に「吹上御所」で「観桜御宴」が開催され、1883年～1916年は「桂離宮」で、1917年からは「新宿御苑」で開催されましたが、日中戦争を理由に1938年に廃止されました（参照、「日本大百科全書」小学館）。

戦後の「桜を見る会」は首相主催

周知のように、侵略戦争を起こした結果、日本国は敗北しました。1945年8月14日いわゆる「ポツダム宣言」を受諾した結果、国民を主権者とする日本国憲法が「制定」されました（1946年11月3日公布、翌47年5月3日施行）。

１９５１年９月、日本はサンフランシスコでアメリカなど48カ国と講和条約に署名しました（ソ連、チェコスロバキア、ポーランドは署名を拒否したので、全面講和ではなく片面講和）。この条約は翌52年４月28日に発効し、連合国による日本占領は終わりました（ただし日米安保体制へ）。

同年、当時の内閣総理大臣だった吉田茂氏は、内閣総理大臣主催として「桜を見る会」を開催し（「『桜を見る会』何のための会なのか…」東京新聞２０１９年４月16日）、その後、ほぼ毎年開催されてきましたが、１９６０年は新日米安保条約をめぐり混乱したため、１９９５年は阪神淡路大震災のため中止されましたし、また、後述するように民主党政権のときの２０１１年と２０１２年も、それぞれ中止されました（「桜を見る会」は中止　政府」日経新聞２０１１年３月13日）。

２０１９年10月15日の安倍晋三内閣閣議決定によると、「桜を見る会」の目的は「内閣総理大臣が各界において功績、功労のあった方々を招き、日頃の御苦労を慰労するとともに、親しく懇談する内閣の公的行事として開催しているもの」と説明されました。それゆえ、招待者（客）の参加費や新宿御苑の入園料（５００円）は無料で、たる酒その他のアルコール、オードブルやお菓子、お土産が招待者に振舞われ、その経費はすべて公金から拠出されてきました（しんぶん赤旗２０１９年11月９日）。

具体的に誰を「桜を見る会」に招待するのかについて内閣府は、「各省庁からの意見等を踏まえまして、内閣官房及び内閣府におきまして最終的に取りまとめている」のです（２０１９年５月21日の衆議院財務金融委員会での内閣府の井野靖久大臣官房長の説明）。そして「案内状発送は内閣府が一括して行い、必ず招待者一人ひとりにあてて送付する」のです（２０１９年11月８日の参議院予算員会での日本共産党の田村智子参議院議員の発言）。

「『桜を見る会』開催要領」の「招待範囲」

２０１５年「『桜を見る会』開催要領」は、「招待範囲」を次のように明記していました。（19年も同じ）。

「皇族、元皇族、各国大使等、衆・参両院議長及び副議長、最高裁判所長官、国務大臣、副大臣及び大臣政務官、国会議員、認証官、事務次官等及び局長等の一部、都道府県の知事及び議会の議長等の一部、その他各界の代表者等」。

ここには「等」という表現が明記されていますが、「等」には、どのような人物でも含められるわけではなく、その前に明記されている「各界の代表者」に準じる者しか含まれません。

「桜を見る会」開催要領

平成31年1月25日(金)
内閣官房
内閣府

１ 期日　平成３１年４月１３日（土）

２ 場所　新宿御苑

３ 主催　内閣総理大臣

４ 方法　招待者は、当日午前８時３０分から午前１０時３０分までの間、随時入園参観する。
この間、来会者のために、茶菓の接待をする。
（なお、当日の新宿御苑は、招待者以外の方については午前１０時３０分から開園する。）

５ 招待範囲　皇族、元皇族
各国大公使等
衆・参両院議長及び副議長
最高裁判所長官
国務大臣
副大臣及び大臣政務官
国会議員
認証官
事務次官等及び局長等の一部
都道府県の知事及び議会の議長等の一部
その他各界の代表者等
計　約　１万人

６ 服装　平服

７ その他　豪雨、その他諸般の事情により中止する必要があると認める場合、内閣官房長官が決定する。
(1)　中止の場合も、当日午前１０時３０分までは、新宿御苑を招待者のために開放し、茶菓を供する。
(2)　小雨のときは、決行する。

出典：情報公開請求して上脇が開示を受けた

官義偉官房長官は、２０１９年11月12日の記者会見で、「等」にはどのような人が含まれるのかと問われ、「各界においてさまざまな功績・功労のあった方々などを幅広く招待できるよう『等』を付けているものであり、特定の分野やカテゴリーを想定しているものではないというふうに承知をしております」と答えましたが、しかし、「幅広く招待できるよう『等』を付けている」という説明は理解の仕方によっては「招待範囲」を異常に拡大させることになるので間違った説明です。

会計検査院の元調査官も、「開催要領のような行政文書で〝等〟が示す範囲は、ほぼ同等でなければ認められません」と明言しています（「しんぶん赤旗日曜版」２０１９年10月20日）。

第2節　日本共産党議員と「しんぶん赤旗日曜版」の追及

宮本徹衆議院議員が国会で取り上げた「桜を見る会」問題

「桜を見る会にご出席の皆様と。

地元でずっと応援して下さっている後援者の皆さんのお陰で主人の今があります。

いつもありがとうございます。」

これは、安倍首相の分身のごとく動き回っている妻・昭恵氏が２０１４年の「桜を見る会」の際に自らのフェイスブック（２０１４年４月12日）に書き込んだメッセージです。

「本日、桜を見る会、開催させていただきましたところ、友党公明党の山口代表を始め御来賓の皆様、そしてお忙しい中こんなにたくさんの皆様、足を運んでいただきました。お陰様で、本年もにぎやかに盛大に開催することができました。皆さん本当にありがとうございます。

今回の桜を見る会、64回目ですが、ということでございますが、山口さんや皆さんと共に政権を奪還してから、7回目の桜を見る会となりました。12年前にも皆さん忘れておられるかもしれませんが、私1年間総理大臣をやっておりますので、私は総理大臣としては8回目となるわけでございます。」

これは、2019年の「桜を見る会」における安倍首相の挨拶です（首相官邸HP「総理主催『桜を見る会』の開催」2019年4月13日）。

いずれも、まるで政治団体である「安倍晋三後援会」のパーティー（飲食会・懇親会）についてのものではないかと錯覚させるような内容です。安倍首相夫妻が公的行事・公費を私物化していることを如実に反映していました。

2019年4月16日付「東京新聞」の記事「『桜を見る会』何のための会なのか…」は、「与党の推薦者多く◆経費は税金　近年増加」という見出しをつけ、また参加者の一部の集合写真には「ネットウヨのアイドル?いっぱい」という見出しで批判的に報道しました。

この報道を踏まえ国会で「桜を見る会」問題を最初に取り上げ追及したのは、日本共産党の宮本徹衆議院議員で、それは翌5月13日の衆議院決算行政監視委員会でした。同議員は、首相主催の「桜を見る会」について第二次安倍政権以降、参加者が急増し、その実際の支出額が国の予算額約1700万円を上回っており、2018年は5229万円にのぼることを指摘し問題視したのです。

これに対し、菅義偉官房長官は「総理大臣が各界で功績、功労のあった方々を招き懇談する内閣の公的行事だ」「必要な経費」と正当化しました（「首相と『桜を見る会』　参加者も経費も急増　飲食は2倍　2191万円に　衆院委　宮本議員追及」しんぶん赤旗2019年5月14日）。

2019年の「桜を見る会」では、テレビカメラに収まる参加者の顔触れを見ると、保守系のコメンテーター、文化人らの姿が目立ち、タレントのケント・ギルバート氏、作家の百田尚樹氏、ジャーナリストの有本香氏らが出席しており、安倍首相も彼らのグループの前に来て「（右寄りの）皆さんが左側に陣取っているが面白い」などとジョークを交えて談笑しました。それゆえ「桜を見る会」は最近「安倍晋三首相の、安倍晋三首相による、安倍晋三首相のための会」の様相を強めていると指摘されたのです（プレジデントオンライン編集部「予算の3倍に膨張　〝桜を見る会〟の政治利用　安倍首相を〝忖度〟する官僚の仕業か」PRESIDENT Online 2019年5月17日15時）。

にもかかわらず、「桜を見る会」の2020年度の予算概算要求額は、2019年度と比べて約3倍の約5729万円（前年度約1767万円）に達しました。内閣府の概算要求資料によると「近年の開催の実態を踏まえ、参加者を約1万6000人と想定」した結果だとしていました。つまり、膨れ上がった参加者数に合わせる形で予算額を膨張させたものでした（「『桜を見る会』予算3倍に」しんぶん赤旗2019年9月26日）。

初鹿明博衆議院議員の質問主意書に対し、政府は同年10月15日、「桜を見る会」につき「内閣の公的行事であり、意義あるものと考えている」とする答弁書を閣議決定し、また、予算額が２０２０年度当初予算の「概算要求で3倍の約５７００万円」となっている理由につき、政府はテロ対策の強化や混雑緩和などの改善点を反映させたことで「実態に合わせた経費を計上した」と答弁書で回答したのです（「『桜を見る会は意義ある』 政府、予算増額で答弁書」朝日新聞２０１９年10月15日13時06分）。

「しんぶん赤旗日曜版」のスクープ報道

しかし、10月13日付「しんぶん赤旗日曜版」は、次の見出しで、安倍首相の地元の後援者らの場合には「桜を見る会」では「手荷物検査はなかった」との証言など具体的な証言を紹介するスクープ報道をしました。

「首相主催『桜を見る会』安倍後援会御一行様ご招待　地元山口から数百人規模」「安倍政権が税金私物化　後援会を〝裏口〟招待続々」「『桜を見る会』予算3倍浪費」「〝婦人枠〟まであった　スキー、農業、避け〝お友達〟招く」「閣僚、自民幹部党ぐるみ『役職で招待数割り当て』」

この報道は、公費の私物化を暴露すると共に、「違法の疑い『前夜祭』」とも報じ、「桜を見る会」の前日の夕に開催された「安倍晋三後援会」主催の「前夜祭（夕食会・懇談会）」の法的問題（その収支が政治資金収支報告書に記載されていない政治資金規正法違反の疑惑）を指摘もしたのです。

また、同月20日付「しんぶん赤旗日曜版」は、「自分はこれまで、桜を見る会は安倍後援会の行事だと思い、参加していた。税金が入っていることは知らなかった」と首相の後援会関係者の証言を紹介するなどし、「税金で安倍後援会おもてなし　会計検査院元調査官が指摘『桜を見る会』招待範囲を逸脱」

という見出しで、スクープを続報したのです。

田村智子参議院議員の追及

以上の連続スクープ報道内容を踏まえ、日本共産党の田村智子参議院議員は、翌11月8日の参議院予算委員会で、安倍首相をはじめ自民党の閣僚や議員が公的行事の「桜を見る会」に地元の後援会員を多数招いている実態を突き付け、安倍首相の認識を追及しました。また、安倍首相の後援会員の個々・具体的な証言や首相動静から、「桜を見る会」の前日には安倍首相夫妻出席のもと毎年、前夜祭が開かれていることを明らかにして、安倍首相が「桜を見る会」への招待を地元後援会の恒例行事にしてきたことを指摘し、「桜を見る会」の開門・受付開始は午前8時30分なのに、毎年午前8時前後に安倍首相が地元後援会の人と新宿御苑内で記念撮影をしていることを指摘したのです（「論戦ハイライト　桜を見る会　公的行事を私物化　モラル崩壊　首相に起因　参院予算委　田村氏の追及で浮き彫り」しんぶん赤旗2019年11月9日）。

以上のスクープ報道と田村参議院議員の追及により、安倍事務所が公的行事の「桜を見る会」と私的事業の「前夜祭」の両者をまるで一体の事業であるかのようにして支援者に案内状を送付しており、「前夜祭」に参加した800人を超える後援会員らが「桜を見る会」に招待されていたことが明らかにされ、安倍首相による公的行事・公金の私物化だと批判されたのです。

田村議員の国会での質問には大きな反響があり、「インターネットの短文投稿サイトのツイッターでは、『桜を見る会』がトレンド（話題に上る頻度）で一時的に2位を記録」しました（「議員辞職に値マスコミは報道ちゃんと　田村智子参院議員の質問」しんぶん赤旗2019年11月9日)。

野党「追及チーム」の立ち上げと野党共闘

「桜を見る会」問題については、日本共産党だけが追及するのではなく、同党の他、立憲民主党、国民民主党などの共同会派は同月11日、国会内で国対委員長連絡会を開き、「総理主催『桜を見る会』追及チーム」を発足させることを決めました。立憲民主党の安住淳国対委員長は「安倍政権になって以降、400人から800人といわれる地元支援者を呼び寄せて会に出席させている疑いがある」「総理の『桜を見る会』を後援会活動で利用し私物化に使っていた疑いが非常に強いと判断した。今後、追及チームを立ち上げたので、その中で実態の究明に迫っていきたい」と表明しました(「『桜を見る会』私物化疑惑　野党が追及チーム　結束して真相解明」しんぶん赤旗2019年11月12日)。

そして、野党合同調査チーム(「総理主催『桜を見る会』追及チーム」)の初会合が翌12日、国会内で開かれ、この会合では、内閣府や内閣官房など関係府省庁の担当者からヒアリングが行われました。関係府省庁のヒアリングでは「桜を見る会」参加者の名簿に関する質疑が相次ぎ、文書の保存規則に従いすでに破棄したと主張する内閣府に対し、「(1)各府省庁に提示した推薦者人数の割り当てや招待の基準などについては記録があるはずで、これを開示すべき(2)「桜を見る会」関連文書について、各府省庁ごとの文書保存規則を開示すべき(3)招待者に関する資料の保存期間が内閣府と各省庁で異なるのはなぜか(4)内閣府が破棄したとする招待者名簿の保存期間と、各省庁が提出した推薦者リストの保存期間が異なり、後者は残されているのではないか」といった論点が指摘され、また「桜を見る会」前夜に行われたいわゆる「前夜祭」に関しても、参加費に見合わない内容の食事などが提供された疑いがあり、これは利益供与にあたるのではないかという論点も出されました（国民民主党のＨＰ「『「桜を見る会」招待基準を明確に』野党チームで奥野国対委員長代行」２０１９年11月12日）。

また、同日の衆議院本会議において、立憲民主党の落合貴之議員は、共同会派「立憲民主・国民・社保・無所属フォーラム」を代表して、「桜を見る会」について、次のように追及する質問したのです（「立憲民主党のＨＰ【衆院本会議】会社法改正案が審議入り、落合議員が質問」２０１９年11月12日）。

「（1）招待者の選定の公平性が損なわれているのではないか。園遊会の招待名簿は、30年間保存で公開されるのに、「桜を見る会」については即破棄されているのはなぜか（2）数百人規模の後援会旅行に桜を見る会を利用することは、公費の私物化ではないか（3）数百人の安倍総理後援会の参加者がどのような功労や功績があったと把握をしているか（4）一般的に、選挙区の支援者を大勢招待し、無料で飲み食いさせることは、公職選挙法違反ではないか」

同日、社会民主党の吉川はじめ幹事長は、会見で「桜を見る会」問題について「安倍政権下で、予算・規模が急増。総理の後援会から前夜祭に約８５０人が参加。『公金（税金）の私物化』と言わざるを得ない。」と批判しました（社会民主党ＨＰ「『桜を見る会』公金の私物化　吉川はじめ幹事長」２０１９年11月12日）。

第3節　追い込まれて2020年度「桜を見る会」を中止

2020年度「桜を見る会」中止

それでも自民党の二階俊博幹事長は、安倍首相らが「桜を見る会」で後援会員を招待していたことにつき、「誰でも議員は選挙区の皆さんに機会あるごとに何かできるだけのことを呼び掛けてご参加頂くことに配慮するのは当然ではないかと思う」と述べるとともに、招待者を自民党議員に割り当てており、二階幹事長がその枠を使って招待したかについては「あったって別に良いんじゃないか。問題になるようなことはあるのか」と述べました（「自民・二階幹事長「桜を見る会」支持者の参加は当然」テレビ朝日2019年11月12日11時58分）。

これは、開き直って安倍首相を擁護する発言でしたが、安倍首相ら自民党議員が「桜を見る会」を私物化したという本質を暴露するに等しい発言でもありました。

前者の点は功を奏せず、むしろ後者の点が国民の憤りの火に油を注いでしまいました。それを軽視できないと判断した菅義偉官房長官は、翌13日午後の記者会見で、首相主催の2020年度「桜を見る会」開催は中止すると発表し、「予算や招待人数も含めて全般的な見直しを行う。一度立ち止まって検討することが大事だと思う」「さまざまな意見を踏まえ、招待基準の明確化やプロセスの透明化を検討したい」と述べ、そのうえで2021年度には再開したい考えを示しました。政府は世論や国会運営への影響も考慮し、早期の幕引きを図ろうとしたのです（「来年度の「桜を見る会」は中止　菅長官発表」産経新聞2019年11月13日16時34分）。

「中止」は隠蔽工作

これに対し、社会民主党の吉川はじめ幹事長は、「各界で『功績・功労』のあった人たちを推薦するという本来のやり方に戻せばいいだけである。過去の参加者のブログや写真など、『証拠』が出てきてつじつまがあわなくなり、政府内でも、これ以上逃げられないと観念したのではないか。」「今回の安倍政権の対応は、社民党はじめ野党の追及から逃れるための隠蔽工作にほかならない。」「首相の責任は重く、首相自身が説明を尽くさなくては疑いは一切晴れない。社民党は他の野党と連携し、今後とも『桜を見る会』の疑惑を徹底追及する。」との談話を発表しました（社会民主党幹事長吉川はじめ「『桜を見る会』の中止について（談話）」２０１９年11月13日）。同党の又市征治党首も、翌14日の会見で、「桜を見る会」問題につき、「安倍政権による政治の私物化、公金の私物化、お友達の特別待遇、虚偽答弁など、安倍政権は総辞職すべき。」と厳しく批判しました（社会民主党のＨＰ「安倍政権は総辞職すべき。又市征治党首」２０１９年11月14日）。

また、同月20日の参議院本会議で那谷屋正義議員が立憲・国民・新緑風会・社民を代表して質問に立ち、安倍総理主催の「桜を見る会」と、その前夜祭（安倍後援会主催）の問題は「公私混同の極みとしか言いようのない大問題」であり、前夜祭についても数々の問題点が指摘されていると述べ、今こそ安倍総理自身が常々口にする「政治家として自ら説明責任を果たすべき」時だと訴えたのです（立憲民主党のＨＰ「【参院本会議】日米貿易協定承認案に対し、那谷屋議員が質問ＨＰ」２０１９年11月20日）。

また、同日、立憲民主党、国民民主党、日本共産党、社会保障を立て直す国民会議（衆議院会派）、社会民主党の野党５党派の幹事長・書記局長らは国会内で会談し、総理主催の「桜を見る会」および「前夜祭」について次の点を確認しました（立憲民主党のＨＰ『桜を見る会』などの疑惑めぐり総理の国会での説明求めることを確認　野党５党派の幹事長・書記局長会談を開催」２０１９年11月20日）。

○「桜を見る会」並びに「前夜祭」における疑惑はますます深まっている。今日の参議院本会議でも、安倍総理はこれまでの説明とは異なる答弁をした上に、新しい事実も表出している。

総理本人と後援会に直接関わる問題であり、「国会が決めれば説明する」と言われていることから、自民党・公明党の与党においては、予算委員会の開会に応じることを強く求める。

「私物化」裏付け証拠のスクープ報道

11月24日付「しんぶん赤旗日曜版」は、これまでスクープ報道で指摘した「桜を見る会」私物化を裏付ける決定的証拠を入手したと、更なるスクープ報道をしたのです。その報道によると、その証拠とは、安倍事務所が作成し、後援会関係者に配布した『『桜を見る会』の案内状」でした。日付は「2月吉日」で、差出人は「安倍事務所」と明記され、「ご出席をご希望される方は……安倍事務所または、担当秘書までご連絡ください」と書かれていました。すでに紹介した、スクープ報道における地元後援会関係者の証言とぴったり合致していました。

そのほかには、「参加申し込み」、「『桜を見る会』について（ご連絡）」、「桜を見る会アンケート」、「桜を見る会　注意点」、「新宿御苑案内図」、「桜を見る会『懇親会』についてのお知らせ」がありました。

そのうち、「『桜を見る会』について（ご連絡）」には、その冒頭に「総理主催『桜を見る会』へのご参加を賜り、ありがとうございます」と書かれ、かつ、「開催概要」として「都内観光ツアー」「夕食会」「桜を見る会」について説明がなされており、また、「桜を見る会アンケート」には、飛行機やホテルの選択肢に「あべ事務所で手配」と明記されていましたので、「しんぶん赤旗日曜版」は、「桜を見る会」も前日の観光及び夕食会（前夜祭）も安倍事務所の丸抱えツアーだったと指摘したのです。

また、「参加申し込み」には、氏名、住所、職業などの記入欄はあるものの、「功績・功労」の記入欄はありませんでしたし、また、家族や知人、友人が参加する場合には「(用紙を）コピーしてご利用ください」と明記されているので、参加者が青天井で膨れ上がる仕組みを安倍事務所が作ったと指摘し、予算を目的外に使用した疑いがあると指摘しました。

さらに、「桜を見る会前夜祭『５０００円』」につき安倍首相が「ホテル側が設定」と説明したことについても、前記「桜を見る会アンケート」に基づき「安倍事務所」が「募集段階で設定」と暴き、「安倍首相の説明に矛盾」と指摘するとともに、日本共産党の宮本徹衆議院議員が「桜を見る会」の資料を政府に求めたその日に政府が資料を廃棄した点を指摘し「政府に〝隠ぺい〟疑惑」とも指摘したのです。

野党「追及チーム」から「追及本部」へ

健全野党は前述したように「追及チーム」を立ち上げ、政府（内閣府、内閣官房、総務省、文部科学省）に対し11月12日から５回（12日、13日、14日、18日、22日）のヒアリングを開催してきました。そして11月25日には、この「追及チーム」の体制を強化し、立憲民主党、国民民主党、日本共産党、社会民主党、れいわ新選組の健全野党５党を中心に、「社会保障を立て直す国民会議」や「沖縄の風」、「碧水会」等の議員も加わって国会議員70人余りからなる「追及本部」を立ち上げ、初会合を開きました。

２０１９年の招待者のうち１０００人程度が安倍総理大臣からの推薦だったこと、安倍昭恵氏からの推薦もあったこと、それに招待者名簿を野党議員が資料請求したのと同じ日に推薦者名簿が廃棄されたことなど、８つの班（「山口・下関ルート」「ホテルルート」「『桜を見る会』全般」「昭恵夫人ルート」「名簿調査」「ネット調査」「リアルメディア調査」「法務」）に分かれて調査を行うことを決定したのです。

本部長に就任した立憲民主党幹事長の福山哲郎参議院議員は、「『桜を見る会』でひどい状況を作り出している安倍政権だからこそ、森友学園や加計学園、英語入試の民間試験導入問題などの問題が次々と起こる。行政監視機能や役所の仕事をズタズタにし、自分たちの『お友達』だけを優遇して国民生活はそっちのけにしている安倍政権をしっかりと追及していく」と述べ、年末年始関係なく活動し、次の通常国会まで取り組んでいく決意を明らかにしました（「桜を見る会　野党追及本部　立ち上げ　山口訪問し調査へ」ＮＨＫ政治マガジン２０１９年11月25日、「『桜を見る会』野党が追及本部を立ち上げ」日本テレビ２０１９年11月25日22時58分、立憲民主党のＨＰ「真相究明、安倍政権倒閣へ『桜を見る会』追及本部初会合」２０１９年11月25日、国民民主党のＨＰ「総理主催『桜を見る会』追及本部８班編成で詳細調査へ」２０１９年11月25日、「『桜を見る会』追及本部が遂に始動！野党５党を中心に70人超の大規模な共闘が実現し、年を越しても安倍政権を徹底追及すると力強く表明！」ＩＷＪ２０１９年11月26日）。

11月29日午前、野党幹事長・書記局長会談が開催され、「桜を見る会」に関し、政府側が提出した資料に掲載されている「60」の区分枠（総理枠）について明らかにされないかぎり、一致結束して、審議

・総理主催「桜を見る会」追及本部役員

本部長	福山 哲郎	立憲民主党	幹事長
本部長代行	小池 晃	日本共産党	書記局長
副本部長	安住 淳	立憲民主党	国対委員長
	原口 一博	国民民主党	国対委員長
	穀田 恵二	日本共産党	国対委員長
事務局長	黒岩 宇洋	立憲民主党	国対委員長代理
事務局長代行	田村 智子	日本共産党	副委員長
副事務局長	奥野総一郎	国民民主党	国対委員長代行
	宮本 徹	日本共産党	衆議院議員
	山井 和則	立憲民主党	国対副委員長
幹事	今井 雅人	立憲民主党	衆議院議員
	初鹿 明博	立憲民主党	衆議院議員
	杉尾 秀哉	立憲民主党	参議院議員
	斉木 武志	国民民主党	衆議院議員
	浅野 哲	国民民主党	衆議院議員
	矢田わか子	国民民主党	参議院議員

・班編成（◎キャップ、○サブキャップ）

(1) 山口・下関ルート ◎柚木道義（衆）○田村貴昭（衆）

(2) ホテルルート ◎今井雅人（衆）○矢田わか子（参）

(3) 招待者ルート（芸能人・飲食業者）◎斉木武志（衆）○初鹿明博（衆）

(4) 昭恵夫人ルート ◎小西洋之（参）○清水忠史（衆）

(5) 名簿ルート（名簿作成・廃棄過程） ◎宮本徹（衆）○石垣のりこ（参）

(6) ネット調査 ◎岡島一正（衆）○中島克仁（衆）

(7) リアルメディア調査 ◎杉尾秀哉（参）○屋良朝博（衆）

(8) 法務 ◎奥野総一郎（衆）○福島みずほ（参）

出典：立憲民主党のＨＰ「真相究明、安倍政権倒閣へ 『桜を見る会』追及本部初会合」2019年11月25日

には応じられないことが確認されました（社会民主党のHP「『桜を見る会』区分枠『60』明らかにせよ　野党幹事長・書記局長会談で一致」２０１９年11月29日）。

同日、社会民主党の横田昌三・総務企画局長は、次のようなコメントを表明しました。

「とりわけ、現在大きな問題となっているのが、安倍総理主催の『桜を見る会』とその『前夜祭』をめぐる疑惑です。『桜を見る会』は、安倍総理と昭恵夫人、閣僚や総理に近しい自民党議員がその『招待枠』を自身の後援会活動に利用していた疑いに加え、会の趣旨にそぐわない反社会勢力やマルチ商法のジャパンライフ会長らの参加も明るみになりました。安倍後援会主催の『前夜祭』では、安倍事務所やホテル側の金銭面の関与が焦点となっています。しかし政府は、招待者名簿も破棄し会費の領収書も無いとの一点張りで幕引きを図ろうとしています。これらは公職選挙法と政治資金規正法に抵触しかねない重大な問題であり、疑惑の解明に向けて徹底的に追及していきます。」（社会民主党のHP「政治資金収支報告書等の公表に当たって」２０１９年11月29日）。

「桜を見る会」国会審議時間はわずか2・8％

翌12月13日、安倍首相は都内で講演を行い、「一昨年と昨年は、モリカケ問題。今年の春は、統計の問題。この秋は、桜を見る会。この3年ほどの間、国会では政策論争以外の話に多くの審議時間が割かれてしまっていることを、国民の皆様に大変申し訳なく思っております」と発言しました（「安倍総理が陳謝　桜を見る会で審議時間取れず」テレビ東京２０１９年12月13日16時30分）。また、12月27日放映のBSフジ番組「プライムニュース」で、自民党の下村博文選挙対策委員長や日本維新の会の馬場伸幸幹事長は、臨時国会で安倍晋三首相主催の「桜を見る会」問題ばかりが審議され、他の重要政策が議論されなかったなどと主張しました（「内閣総辞職へ野党結束　BSフジ番組　山下副委員長が強調」しんぶん赤旗２０１９年12月29日）。

しかし、フリージャーナリストの日下部智海氏によると、第２００回臨時国会（２０１９年10月４日～同年12月９日）の全審議を衆議院インターネット審議中継と参議院インターネット審議中継で確認したところ、「政策論争以外の話に多くの審議時間が割かれてしまっている」という発言はフェイクだったというのです（日下部智海「桜を見る会問題、国会審議に占める割合はわずか。長引かせたのは誠実な回答から逃げ、嘘をつく政権与党」ＨＡＲＢＯＲ ＢＵＳＩＮＥＳＳ Ｏｎｌｉｎｅ ２０１９年12月20日８時33分配信）。

その記事によると、衆議院では本会議と27種類の委員会・審査会（内閣委員会や外務・農林水産・経済産業連合審査会など）が開かれ審議時間は合計で２９６時間41分であり、また、参議院では本会議と28種類の委員会・審査会・調査会（予算委員会や憲法審査会、資源エネルギーに関する調査会など）が開かれ審議時間は合計で２３９時間であり、両者の合計は５３５時間41分であって、そのうち、国会会議録検索システムで、範囲を第２００回臨時国会、キーワードを『桜を見る会』にセットし検索したところ、衆参両院合わせて43件の本会議や委員会（財政金融委員会や法務委員会など）がヒットし、それらをインターネット審議中継で視聴し、「桜を見る会」に割かれた時間を１つ１つ計測したところ、本国会での「桜を見る会」について審議された合計時間は15時間12分であり、「桜を見る会」の審議時間は、全体のわずか２・８％にすぎなかったというのです。

「桜を見る会の審議時間15時間12分　÷　第200回臨時国会の合計審議時間535時間41分　×100＝2・8」。

それでも長い時間を費やしていると評価するのであれば、その原因は、他党が提出を要求している、「桜を見る会」の招待者名簿を廃棄し、廃棄名簿の復元を拒否し、野党議員の質問に真摯に回答せず説明責任を果たさない安倍政権なのです。

前述のBSフジ番組「プライムニュース」において、立憲民主党の大串博志幹事長代理も「私たち（野党）が引き延ばしているのではなく、安倍さんが逃げ隠れして伸ばしているだけの話だ」と的確な指摘をしています。

逃げ回る安倍首相

与党の公明党は、自民党と同様、「桜を見る会」問題について追及することは一切なく、山口代表は、11月20日、「首相の説明責任」について「政治家と後援者のあり方に関しては、政治家自身が説明責任を果たすことが求められている。首相は政治家として、その説明に努力をしている最中なので、しっかりその責任を果たしてほしい。」と発言するにとどまりました（公明党のHP「安倍首相、通算在職日数が歴代最長」2019年11月20日）。

一方、安倍首相は、前述のスクープ報道や野党「追及本部」の立ち上げもあって追及を恐れ、野党の要求を無視して国会の委員会に出席せず逃げ回りました。首相官邸のHPにおいても「桜を見る会」「前夜祭」問題で一応の説明をしているのは、後掲する11月15日の墓穴を掘った弁明と同月18日のほぼ同じ内容の弁明だけでした（首相官邸HP「『桜を見る会』（3）及び北海道大学教授の解放についての会見」2019年11月15日、「『桜を見る会』についての会見（4）」2019年11月18日）。

にもかかわらず、臨時国会会期末日の12月9日、自民党の二階幹事長は、「総理が国会中に直接弁明する機会は3回に留まりました。総理は疑惑について十分説明をされたというふうにお考えでしょうか」という共同通信の記者の質問に対し、「総理は十分ご説明、ご答弁をなさっておると思います。」と平然と回答したのです（自民党HP「役員会後 二階幹事長記者会見」2019年12月9日（月）17：48～17：58於：院内平河クラブ会見場）。

世論の厳しい目

しかし、世論の目は厳しいものでした。共同通信（12月14日・15日調査）の世論調査によると、首相主催「桜を見る会」疑惑に関し、安倍晋三首相が「十分に説明しているとは思わない」は83・5％もありました。また、産経新聞社とFNN（12月14日・15日調査）の調査によると、安倍首相主催の「桜を見る会」をめぐり首相が「招待者の取りまとめには関与していない」と説明したことについて「納得できない」は74・9％で、「納得できる」の16・1％を大きく上回りました。

朝日新聞（12月21日・22日調査）の調査によると、安倍政権が首相主催「桜を見る会」招待者の名簿を廃棄し、復元できないとしたことに「納得できない」は76％で、「納得できる」の13％を大きく上回りましたし、自民支持層でも「納得できない」は66％でした。さらに、以上の調査よりも早く行われた毎日新聞（11月30日・12月1日調査）の調査によると、誰の推薦でどのような人物が会に招待さ

「桜を見る会」に関するマスコミの世論調査結果（2019年12月）

共同通信（14日・15日調査）	首相主催「桜を見る会」疑惑に関し	安倍晋三首相が「十分に説明しているとは思わない」83.5%。
産経新聞社とFNN（14日・15日調査）	安倍首相主催の「桜を見る会」をめぐり首相が「招待者の取りまとめには関与していない」と説明したことに	「納得できない」74.9%
朝日新聞（21日・22日調査）	安倍政権が首相主催「桜を見る会」招待者の名簿を廃棄し、復元できないとしたことに	「納得できない」76%
毎日新聞（11月30日・12月1日調査）	誰の推薦でどのような人物が「桜を見る会」に招待されていたのか	政府は「明らかにすべきだ」64%

れていたのか、政府は「明らかにすべきだ」は64％で、「明らかにする必要はない」の21％を上回りました。

真相解明と追及の必要性

２０１８年２月以降、茂木敏充経済再生大臣（当時）の公職選挙法違反疑惑をテーマに始まった合同ヒアリングは計３０９回、２０１９年だけで１４２回開かれていて、そのうち、安倍晋三首相の「桜を見る会」私物化問題で19回開催されており、臨時国会閉会（12月９日）後も12月24日と同月26日の両日に行われています（「野党合同ヒアリング　行政監視発揮の場に　多彩なテーマで３０９回」しんぶん赤旗２０１９年12月29日）。

「桜を見る会」問題は、歴史修正（改竄）主義者である安倍首相の政権の本質的問題です。というのは、本書で後述する財政法違反や公用文書の廃棄（毀棄）は、財務省が国有地を森友学園に超破格の価格で売払った事件のときと類似した法的問題であり、重大な病理だからです。

安倍首相が2020年度の「桜を見る会」の開催を中止したからと言って安倍政権の本質的病理が治癒するわけではありません。世論の多数の期待・要望に応えるためにも、「桜を見る会」における真相解明と「前夜祭」の法的問題を含む法的・政治的責任追及は、2020年も国会の内外であきらめることなく続ける必要があるのです。

第2章　安倍首相主催「桜を見る会」とその私物化問題

第1節　第二次安倍政権下での「桜を見る会」公費支出増大

予算額を超えて実際の支出は膨張

２０１２年末に第二次安倍政権が誕生して以降、つまり２０１３年以降、「桜を見る会」の公費支出額は増え続けました。

２０１９年5月13日の衆議院決算行政監視委員会で日本共産党の宮本徹議員は、２０１３年と２０１９年の契約額を比べると、飲食物提供業務は９７２万円から２１９１万円へ、会場等設営業務は７３４万円から１８１４万円へと2倍超に膨らんでいると指摘しました。同会の総経費について、内閣府の井野靖久大臣官房長は、２０１３～２０１９年度の予算額は各年度約１７００万円である一方、支出額は２０１４年に３００５万円、２０１８年には５２２９万円へ増加したと答弁しました（「首相と『桜を見る会』　参加者も経費も急増　飲食は2倍　２１９１万円に　衆院委　宮本議員追及」しんぶん赤旗２０１９年5月14日）。

より正確な数字を紹介すると、２０１４年以降の「桜を見る会」予算額は１７６６万６０００円で増えてはいませんが、実際の支出額はそれを超えていました。２０１４年が３００５万３０００円、２０１５年　が３８４１万７０００円、２０１６年　が４６３９万１０００円、２０１７年　が

4725万円、2018年が5229万円（プレジデントオンライン編集部「予算の3倍に膨張"桜を見る会"の政治利用　安倍首相を"忖度"する官僚の仕業か」PRESIDENT Online 2019年5月17日15時）。2019年の実際の支出額は予算額の3倍超の5518万7000円まで増えていました。

そして、前述したように、2020年は、膨れ上がった参加者数（後述）に合わせる形で予算額を膨張させ5728万8000円（概算要求額）としましたが、国民の批判を受け、これ以上の追及を回避するために、安倍首相は「桜を見る会」の開催自体を中止したのです（第1章第3節参照）。

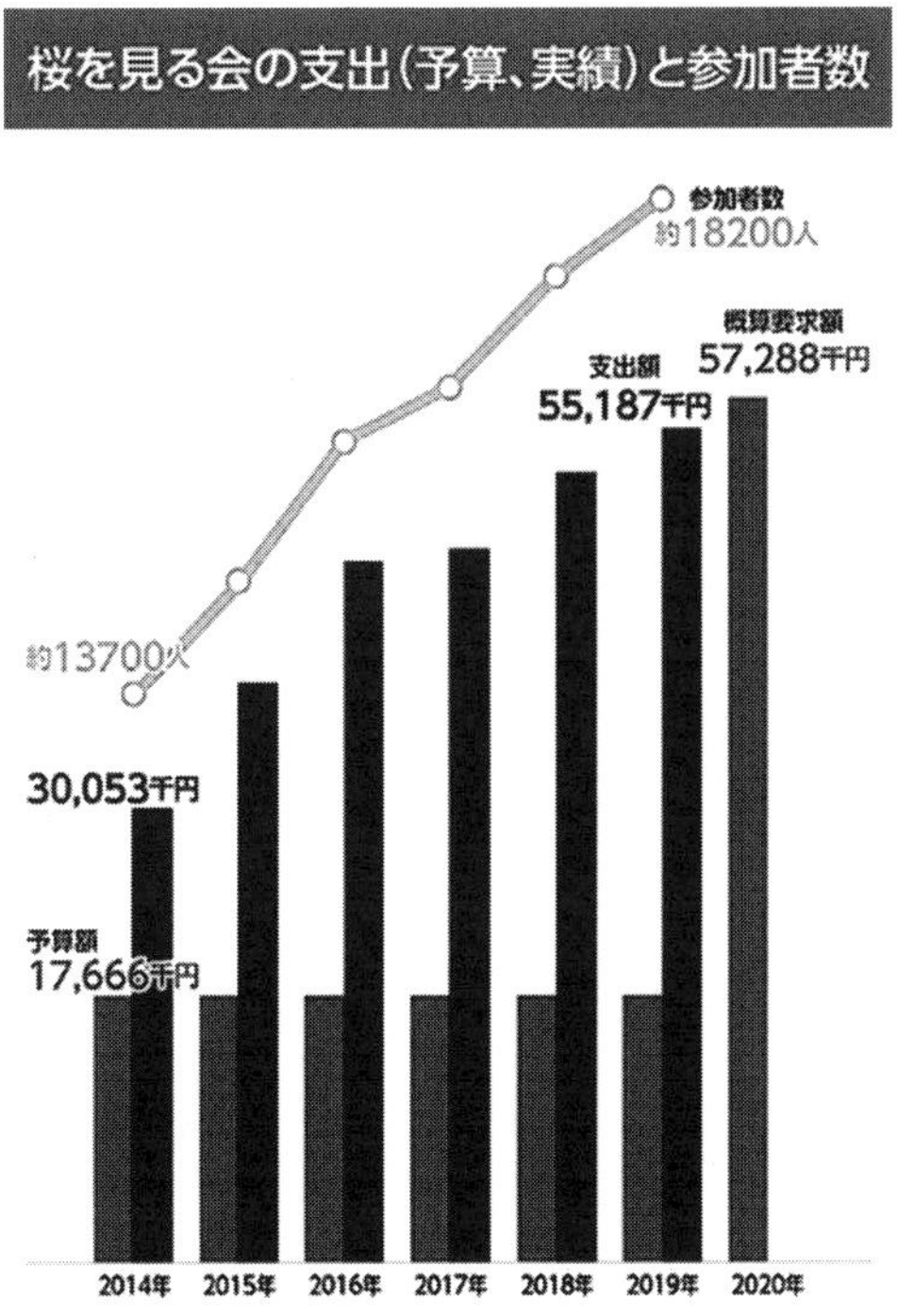

出典：「しんぶん赤旗」2019年11月9日。2020年度は「桜を見る会」開催が中止された。

2019年3月14日付の業者の見積書は飲食物の提供だけで合計2191万3232円であり、「桜を見る会」全体の予算案額1766・6万円を大きく上回っていました。つまり、国会が予算案を承認する前から、予算額を超える支出総額約5519万円を前提に事業を進めていた疑いが濃厚だったのです（「予算超過支出が前提　桜を見る会　財政民主主義に

反する　清水議員が追及」しんぶん赤旗２０１９年12月２日）。

通常、予算については、財務省の意向を無視して他の省庁が予算執行に向けて動くことはあり得ませんが、安倍首相主催の「桜を見る会」については、財務省は内閣府に従属していたようです。これが、その公費支出額増大における政府内のカラクリの一つでした。

◆飲食提供業者の単独発注への変更疑惑

ところで、「桜を見る会」で、内閣府が２０１９年１月、飲食提供などの関連業務を巡り、入札公告前に委託業者と打ち合わせをし、開催スケジュールを伝えていたことが判明した、と毎日新聞がスクープ報道しました（「内閣府、『桜を見る会』入札公告前に委託業者に日程伝え打ち合わせ」毎日新聞２０２０年１月７日６時00分）。

その報道によると、その打ち合わせがあったのは入札公告１カ月以上前の２０１９年１月16日。内閣府の呼びかけで、２０１８年の飲食物の提供業者「ジェーシー・コムサ」（東京都渋谷区）、会場の設営業者「ムラヤマ」（東京都江東区）の担当者が会場となる東京・新宿御苑に集まり、２０１９年の「桜を見る会」の日程などが示され、２０１９年の入札公告は飲食物の提供が２月28日、会場設営が３月14日で、業務はそれぞれ「ジェーシー・コムサ」と「ムラヤマ」が選ばれ、４月１日に契約。「ジェーシー・コムサ」取締役の中川達司コムサ事業本部ＣＯＯ（最高執行責任者）は毎日新聞の取材に「テントの設営場所や人の流れなどを説明し、改善点を確認した」と話し、スケジュールについては「首相の予定があるので、ある程度のお話をされたのでは」と話した、というのです。

また、内閣府によると、飲食物の提供業務は複数業者に発注していたが、２０１３年から「業者間の連携が取りづらく、安全や環境面の強化を図るため」などの理由で単独発注に変更し、業者の企画書を基に、メニューや人員配置、費用の妥当性など4項目を審査する「企画競争入札」で「ジェーシー・コムサ」が選ばれました。さらに２０１４〜２０１９年も「ジェーシー・コムサ」が連続受注しました（15、17年以外は1社入札）。

「ジェーシー・コムサ」を巡っては、野党側が同社役員と安倍首相の妻昭恵氏が懇意だと指摘しているのです。これに対し内閣府は打ち合わせについて「現地で具体的に昨年の気付いた点などの話を伺うために開いた」と説明し、「（開催スケジュールに関しては）４月の第2、３週に行っている例年の流れを示しただけ。昨年も行っており、入札の公平性に疑義は生じない」と強調したそうです。一方、農林水産省の「農林水産大臣と在京外国公館員等との懇談会」や、海上保安庁の「海上保安の日祝賀会」などでは、いずれも事前打ち合わせは開いておらず、農林水産省国際政策課は「反省点をメールや電話で問い合わせることはあるが、委託業者と会うことはない。入札の公平性に疑念を持たれないようにしている」と説明し、また、海上保安庁は「事前打ち合わせはしておらず、年によって落札者も違う」と説明し、園遊会を開催する宮内庁も「飲食提供費は少額で入札は実施していないが、複数社から見積もりを取っている」と説明したのです。

国や自治体の入札監視委員などを務め、公共調達制度に詳しい楠茂樹・上智大教授は、毎日新聞の紙面で次のように話しています。

「開催スケジュールを知った業者に優位性が出て、公正な入札を妨げた恐れがある。毎年行う事業なので課題の抽出は必要だが、内閣府と業者が内部情報を共有し続けてしまう問題もある。今回の問題を機に、企画競争入札に関連した打ち合わせの議事録を公開するなどし、透明性を高める必要があるのではないか。」

以上の毎日新聞の報道のうち、２０１３年から単独発注に変更した内閣府の理由も気になります。というのは、２０１１年と２０１２年は民主党政権であり、いずれも中止されています。２０１１年

「桜を見る会」支出額、参加者数等の推移

		平成23年	平成24年	平成25年	平成26年	平成27年	平成28年	平成29年	平成30年	平成31年
予算額(千円)（注1）		18,191	17,180	17,180	17,666	17,666	17,666	17,666	17,666	17,666
支出額(千円)		5,186(精査中)	4,720(精査中)	26,920(精査中)	30,053	38,417	46,391	47,250	52,290	55,187
招待者数(人)		—	—	約11,600	約12,800	約13,600	約13,600	約13,900	約15,900	約15,400
参加者数(人)		—	—	約12,000	約13,700	約14,700	約16,000	約16,500	約17,500	約18,200
会場等設営等業務	契約額(千円)	—	—	7,345	7,447	10,525	14,509	15,422	16,416	18,144
	契約方法	—	一般競争入札	一般競争入札	一般競争入札	一般競争入札	一般競争入札	一般競争入札	一般競争入札	一般競争入札
	入札参加数	—	1	1	3	1	1	1	1	1
	落札業者	—	（注２）	（株）ムラヤマ	（株）ムラヤマ	（株）ムラヤマ	（株）ムラヤマ	（株）ムラヤマ	（株）ムラヤマ	（株）ムラヤマ
飲食物提供業務	契約額(千円)	—		9,722	13,498	13,498	19,222	19,200	21,355	21,913
	契約方法	—	（企画競争）	企画競争	企画競争	企画競争	企画競争	企画競争	企画競争	企画競争
	企画競争参加数	—	—	2	1	2	1	2	1	1
	落札業者	—	（注３）	（株）ジェーシー・コムサ	（株）ジェーシー・コムサ	（株）ジェーシー・コムサ	（株）ジェーシー・コムサ	（株）ジェーシー・コムサ	（株）ジェーシー・コムサ	（株）ジェーシー・コムサ

（注１）予算積算上の見積額。
（注２）平成24年の入札者は、㈱ムラヤマ。
（注３）平成24年の企画競争参加予定業者は、㈱ジェーシー・コムサと他１社。
（注４）平成22年以前の文書は、公文書管理法に基づく廃棄手続が終了し、廃棄されている。

は中止される前に、単独発注に変更していたのでなければ、つじつまが合いません。やはり昭恵氏の口利きだった可能性が高いのではないかと疑念が生じます。

昭恵氏の口利きか⁉

以上の毎日新聞の報道より1カ月半前の2019年11月17日公表の「日刊ゲンダイ」の記事（「『桜を見る会』関連業務〝アベ友業者〟にオイシイ受注誘導か」2019年11月17日6時）によると、第二次安倍政権発足後、「桜を見る会」は7回行われ、「飲食物提供業務」は、すべて「ジェーシー・コムサ」という外食・宅配業者が受注しているが、同社社長の弟で同社取締役は、安倍首相夫妻と〝昵懇〟の関係とみられ、昭恵夫人のフェイスブックには、判明しているだけで当該取締役とみられる人物が2回登場し、2014年2月と12月の「夕食」の投稿写真には、安倍夫妻の後ろに笑顔の当該取締役らしき男性が写っているというのです。

〝桜を見る会ビジネス〟で、「ジェーシー・コムサ」は着実に売り上げを伸ばしており、「飲食物提供業務」の契約額は、参加人数の増加に合わせてうなぎ上りで、2013年は972万円程度だったのに2019年は2191万円超と2倍余りに増えており、1人当たりの単価も2013年が810円だったのに近年は1200円台と5割も増えているのです。

「一般競争入札ではなく、企画提案型入札で行われています。内容とあわせて〝金額〟も業者側が提案するのです。複数業者がいれば、価格は抑制的になるのですが、桜を見る会の飲食物提供業務の入札は、15年と17年にコムサ以外の会社が参加しただけで、コムサ1社が入札し、落札を続けています。

競争原理が働かない中での提案型入札は、業者の言い値を追認せざるを得ないのです」（政界関係者）
以上の日刊ゲンダイの報じた事実を踏まえれば、口利き疑惑として真相が解明されるべきです。

支出額の増額の原因は招待者数の増大

では、以上の飲食関係費用だけではなく「桜を見る会」全体における実際の支出が前述したように予算額1766万6000円の3倍（5518万7000円）に増えた原因は、何なのでしょうか？

「開催要領」における招待者数は「約1万人」と明記していました。にもかかわらず、招待者数が1万5400人（実際の参加者数は1万8200人）へと増えたからです。

第2節 「開催要領」の「招待範囲」からの逸脱（公金の私物化）

「与党議員の推薦枠」は長年の慣行!?

菅義偉官房長官は11月13日の記者会見で内閣官房や内閣府から政府・与党幹部や各省庁に招待者を推薦するよう依頼していたことのほか、首相官邸については「首相、副総理、官房長官、官房副長官に対して推薦依頼を行った」と明らかにした上で、「長年の慣行だ」と説明しました。

確かに、以前から「与党議員の推薦枠」はあったようです。国民民主党の玉木雄一郎代表は11月13日の記者会見で、首相主催の「桜を見る会」に関し、2010年4月に鳩山由紀夫政権で開催された際、旧民主党が各議員に「推薦枠」を割り振り、招待者を募っていたことを明らかにしました。「各議員4

名だったと思うが、推薦枠があり、私自身もお世話になった方々を連れて行った」と語りました。

当時民主党の当選1回生だった玉木議員は、同党が「党関係招待者検討チーム」を作り、選考基準を示して所属議員から招待者を取りまとめており、基準は「民間人を優先」「国民から疑惑を持たれないよう配慮」―といった内容でした。関係者によると、旧民主党全体で２５００人の「推薦枠」があった説明しました（「桜を見る会　民主党政権でも議員『推薦枠』　国民・玉木代表明かす」産経新聞２０１９年11月13日16時47分）。

第二次安倍政権以降も「与党議員の推薦枠」あり

２０１２年12月に誕生した第二次安倍政権でも引き続き「与党議員（閣僚、自民党幹部）の推薦枠」はあったようです。「しんぶん赤旗日曜版」（２０１９年10月13日）は、安倍政権の閣僚や自民党幹部らのブログやツイッターを紹介しました。

・萩生田光一・文部科学大臣の２０１４年のブログ：「総理主催の『桜を見る会』が催され、今年は平素ご面倒をかけている常任幹事会の皆様をお招きしました」

・萩生田光一・文部科学大臣の２０１８年のブログ：「お招きした町会自治会連合会役員の皆さんと合流」

・世耕弘成・自民郎参議院幹事長（前経済産業大臣）の「世耕弘成後援会ニュース16年新年号」：「和歌山のために」「『桜を見る会』にて　地元女性支援グループの皆さんと」

・稲田朋美・自民党幹事長代行（元防衛大臣）の14年ブログ：「日々の活動報告」／桜を見る会」「地元福

井の後援会の皆様も多数お越しくださり、たいへん思い出深い会になりました」
・松本純・自民党国対委員長代理（元防災担当大臣）の13年ブログ：「内閣総理大臣主催『桜を見る会』役職ごとに案内状が割り当てられます・・・残念ながら後援会の皆様にご案内することができず、やむなくわが陣営は不参加・・・もっと偉くなりたいですね」
・松本純・自民党国対委員長代理（元防災担当大臣）の15年ブログ：「選挙のうぐいす嬢の皆様をはじめ後援会の皆様と参加いたしました」

日本共産党の田村智子議員は11月8日の参議院予算委員会で、萩生田光一文部科学大臣に対し、「何の団体の常任幹事か」と質問したところ、萩生田大臣は、しどろもどろになりながらも「後援会の中の常任幹事の方だ」としぶしぶ認めました（「論戦ハイライト　桜を見る会　公的行事を私物化　モラル崩壊　首相に起因　参院予算委　田村氏の追及で浮き彫り」しんぶん赤旗２０１９年11月９日）。

第二次安倍政権後の急増した与党議員「推薦枠」は「事実上の招待枠」

「与党議員の推薦枠」につき自民党幹部は「えたいの知れない人が来ないよう議員に枠が割り振られる」と説明したようですが、第二次安倍政権では「与党議員の推薦枠」の実態は「地元の支持者も多数招かれている」ようで、その結果として、その「枠」が雪崩を打ったように膨張して行ったのです（「『桜を見る会』招待客の人選は？　与党議員の推薦枠も」東京新聞２０１９年11月12日）。つまり、「長年の慣行」は第二次安倍政権以降大きく変質したのです。

本来は、「開催要領」による「桜を見る会」の招待者数（招待範囲）と国の予算額が事前に決まって

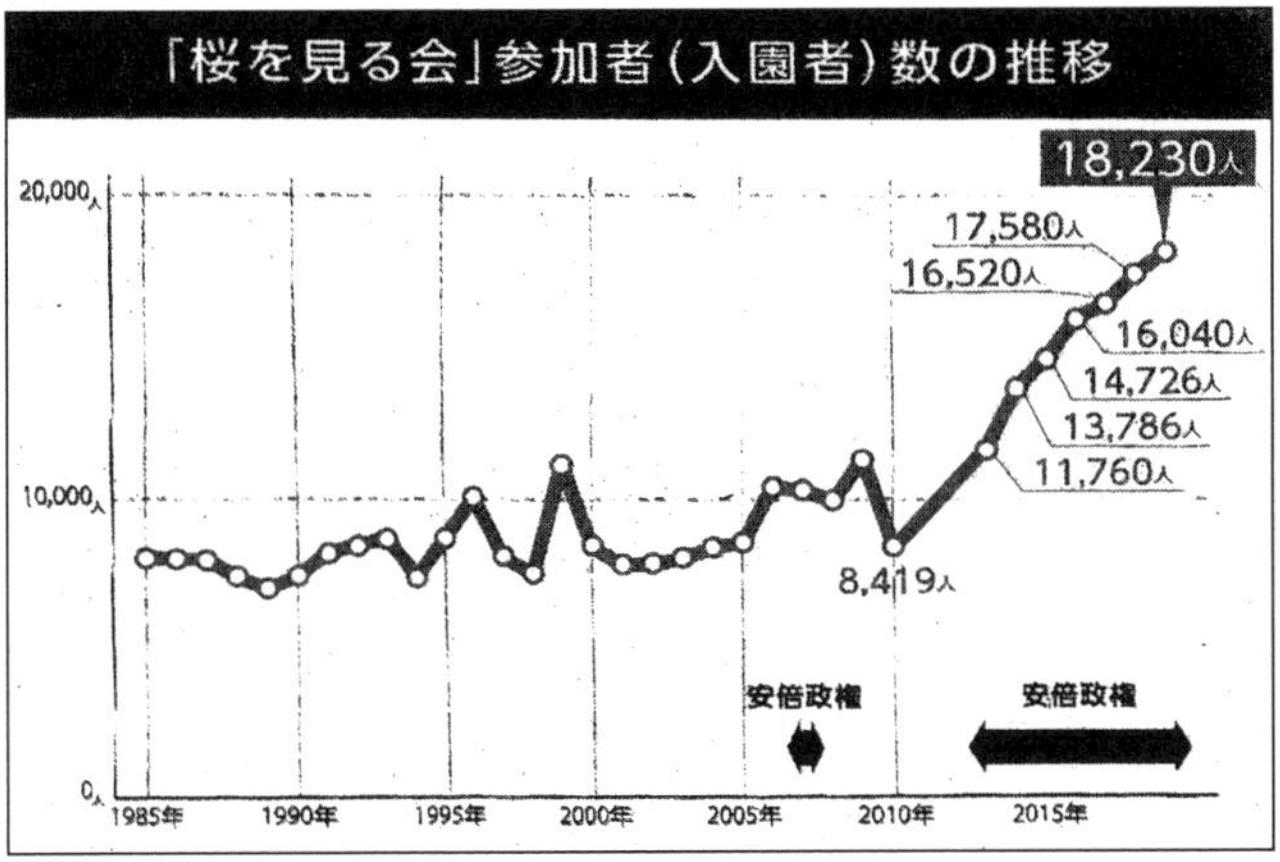

出典：「しんぶん赤旗」2020年1月31日

いるのですから、与党議員から推薦があっても内閣府で、その推薦された全員を招待するとは限らないはずです。ところが、実際の招待者数も支出額もそれらを超えて招待されていた、ということは、第二次安倍政権では与党議員の「推薦枠」は事実上の「招待枠」になっていたようです。自民党の石破茂元幹事長は「桜を見る会」の参加者について「党の役職をしているときに（自身が招待できる）枠があったが、使ったことはない」と述べました（「石破氏、桜を見る会『招待枠あった』　自民の役職在任時」毎日新聞２０１９年11月12日05時30分）が、少なくとも自民党の役員にとっては、「推薦枠」は事実上の「招待枠」だったのでしょう。

この点は「総理枠」であれば尚更のことだったようです。安倍事務所が後援会員に対し「桜を見る会」の案内を出し、後援会員が参加を希望すると、安倍事務所が「桜を見る会」に招待すべき者として推薦し、その推薦がなされると自動的に内閣府がその推薦者を招待する仕組みになっていたようです。というのは、内閣府が招待状を送付する前に、安倍事務所は旅行会社をあっせんし、観光コースの申し込みの締切を設定していたからです。普通、推薦されても招待されるとは限らないので、旅行会社へのあっせんは招待状が届いてから

招待者数

平成18年桜を見る会

平成18年4月15日（土）開催　＜新宿御苑＞

招待者内訳	人数	内訳	備考
皇族	22		皇族及び元皇族
各国大公使等	726		大使・臨時代理大使　他
衆参両院正副議長、最高裁判所長官	5		
国会議員	647		大臣等を除く
国務大臣	17		総理を除く
副大臣、政務官、認証官及び各省庁局長以上の者	618		
東京都９委員会の長、道府県知事・議長等	86		
元国会議員	120		衆71名、参49名
歴代総理大臣、同未亡人	14		
前事務次官等	2		
中綬章以上の叙勲者、文化勲章受章者	683		17年春332名、秋346名、文勲5名
各種委員会、審議会の長	124		
独立行政法人の長	59		
各界功績者（総理・与党関係含む）	5,538		
報道関係者	417		
特別招待者	565		
芸術、文化、スポーツ関係者		211	芸能90名、オリンピック94、パラリンピック27
国際貢献、国際ボランティア		294	国際貢献153 国際ボランティア141
災害復旧関係功労者		27	
殉職者		33	警察10、消防9、防衛14
合計	9,643		

提供：田村智子事務所

平成30年「桜を見る会」招待者数

招待者内訳		平成３０年 招待者数
皇族（皇族及び元皇族）		23
各国大公使等（大使・臨時代理大使）		788
衆参両院正副議長、最高裁判所長官		5
	議長等	4
	最高裁長官	1
国会議員（大臣等を除く）等		626
国務大臣（総理除く）		20
副大臣、政務官、認証官及び各省庁局長以上の者等		595
	副長官	3
	副大臣	25
	政務官	26
	総理補佐官	5
	法制局長官	1
	認証官及び公務員	535
都道府県知事・議長等		67
歴代総理大臣、同未亡人等		129
	歴代総理・未亡人	12
	元議員	110
	前事務次官	7
中綬章以上の叙勲者、文化勲章受章者		761
各種委員会、審議会の長		118
各界功績者（総理大臣等）		9,494
各界功績者（各省庁）		2,329
報道関係者		404
特別招待者		551
	芸術・文化	263
	国際貢献等	288
合計		15,910

出典：宮本徹議員ツイッター

2014年	2019年
◇1月下旬頃 ・安倍首相が開催日を発表 ・安倍事務所（山口県内）が封書等で後援者らに参加確認の案内を送付。事務所が旅行会社をあっせん。旅費は参加者の自己負担。 ◇2月下旬~3月上旬ごろ ・内閣府が招待状を送付	◇2月 ・「桜を見る会」の案内を送付。希望者は2月20日までに安倍事務所又は担当秘書まで連絡。「あべ晋三後援会主催　前日夕食会」（会費制）「会費5000円」も案内状に明記。観光コースの申し込み締切は3月8日。 ◇3月　内閣府が招待状を送付

2014年については、2019年10月13日付「しんぶん赤旗日曜版」を参照。

行うことになるはずですが、招待状が届く前に旅行会社へのあっせんを行っていた、ということは、「安倍事務所が推薦すると必ず内閣府から招待される」ことになっていたからでしょう。その証拠に、安倍事務所が内閣府の招待前に後援会員らに送付した「桜を見る会『懇親会』についてのお知らせ」には、「この度『桜を見る会』に参加を賜り、ありがとうございます。」と明記されていました。つまり、「安倍事務所の推薦は事実上の招待」だったのです。

この仕組みに乗じて安倍事務所が推薦者を増やしたために、招待者数も増えたのです。

2019年の招待者内訳

11月20日午前の衆議院内閣委員会で、安倍晋三首相の主催で2019年4月に開かれた「桜を見る会」について質問した日本共産党の宮本徹衆議院議員に対し、菅義偉官房長官は、首相側の推薦に基づき約1000人が招待されていたこと（全招待者の約6・6％）、また、麻生太郎副総理兼財務相、官房長官、官房副長官からの推薦が計約1000人、さらに、自民党関係者による推薦が全招待者の約4割に当たる約6000人を占めたことを明らかにしました。そして菅官房長官は「招待基準があいまいであり、招待者の数が増えた。こうした運用は大いに反省している」と陳謝しました（「桜を見る会　首相推薦１０００人　昭恵氏分も　自民関係者のものが４割占める」毎日新聞２０１９年11月20日10時08分）。

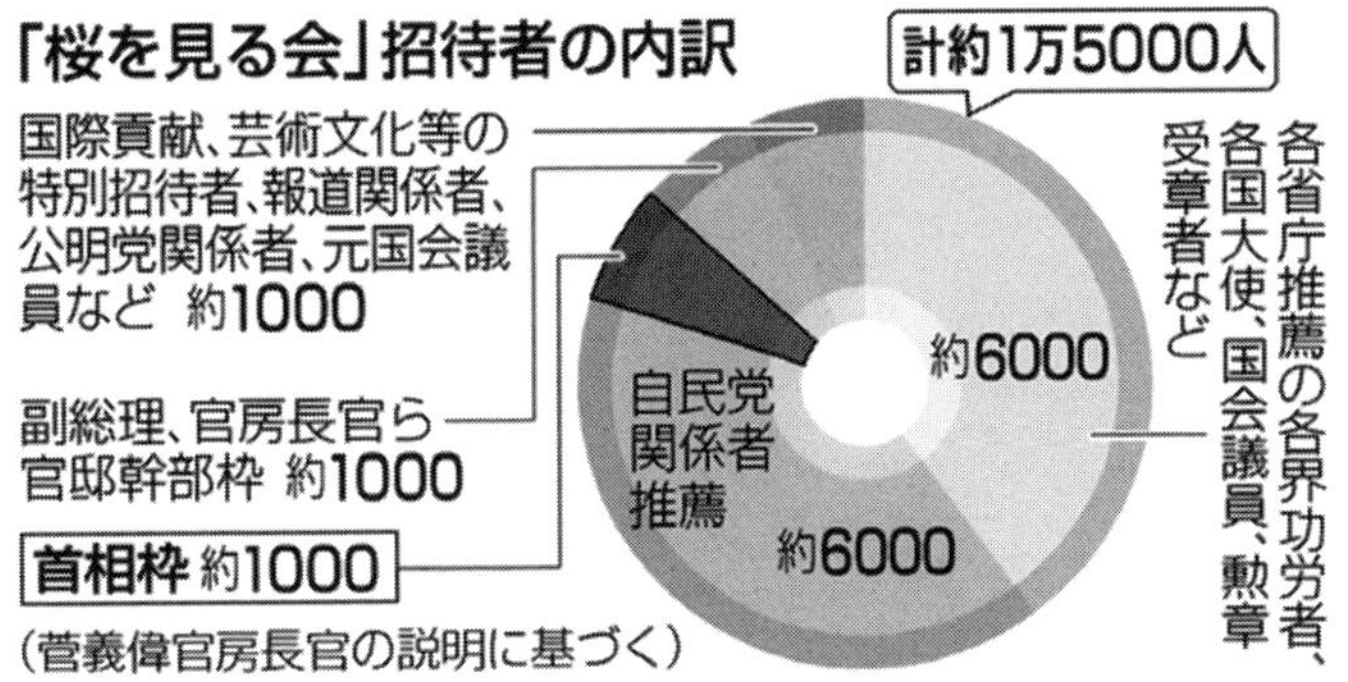

出典：「桜を見る会私物化　首相疑惑いっそう」しんぶん赤旗2019年11月21日

衆議院内閣委員会（２０１９年11月20日）議事録でも確認したところ、官房長官は、以下のように、わかりづらい形で説明していました。

「招待人数の概数でありますが、内閣官房及び内閣府の事務方の話などを総合すると、各省庁推薦の各界功労者、各国大使等、国会議員、勲章受章者など、合計すると約六千人程度と見込まれております。

しかし、「招待基準があいまいであり、招待者の数が増えた」というのは、不正確です。「開催要領」に明記された「招待範囲」にある「各界の代表者等」にさえ該当しない、自民党議員らの後援会員まで「政治枠」として招待していたから招待者数が増えたのです。言い換えれば、招待者数の異常な増加は、何らかの功績・功労によって推薦された結果ではなく、何らかの功績・功労とは無関係に推薦がなされ、招待がなされた結果なのです。したがって、「開催要領」の「招待範囲」に違反した結果だったのです。

この点は、後でも紹介する２００５年の「桜を見る会」の招待者名簿と２０１９年の前述の菅官房長官発表の将来者数を比較すると明らかで、例えば「自民党関係推薦」は１４８３名（２００５年）から６０００人へと膨張して増えています。なお、「首相枠」１０００人は後述するように少なすぎます。

第３節　選挙も意識した党勢拡大に利用された「桜を見る会」

党員減少に苦悩していた安倍自民党

「桜を見る会」は、自民党本部の党員・党費収入獲得にも利用された可能性が高そうです。自民党本部の政治資金収支報告書によると、党費支払者数は２０１２年の61万９２４５人から２０１８年の96万７３２４人へと34万８０７９人も増えています。

２０１２年から２０１８年までを見ると、この党員増加は些細なことだと思われるかもしれませんが、実は、自民党は党員を大幅に減少させ、党員獲得に苦悩していたのです。

自民党の党員数のピークは１９９１年の約５４７万人で、１９９８年以降は減少し続け、２０１２年末には73万人台まで落ち込みました（73万人台は党費を支払ってない者を含んだ数字のようです。以下同じです）。自民党が護送船団方式の「総合病院」としての旧自民党から「聖域なき構造改革」という新自由主義政策を強行する新自民党に変質して益々財界政党としての性格を強めたため、大勢の貧困層を生み出し格差社会をつくったのですから、当然、従来の支持者も離れて行き、党員数が激減したのです。

そこで、同党は、２０１４年から党員数を１２０万人とする目標を掲げ、議員にノルマを与え、未達成者に「罰金」を科したのです（「自民党員数　16年ぶり増加　78万人台に」産経新聞２０１４年４月21日19時36分）。

自民党本部は２０１８年３月５日、２０１７年の党員数が１０６万８５６０人で、前年に比べて２万４７７０人増えたと発表しました。党員数の増加は５年連続で、約７割の党所属議員が「党員１千人獲得」のノルマを達成した結果でした。自民党は党勢回復を目指した２０１４年の「１２０万党員獲得運動」により、全議員に新規と継続を合わせた党員を１千人以上確保するよう指示していましたし、未達の場合は不足党員１人につき２千円の罰金などを命じたうえに、２０１７年からは氏名を公表する罰則も加えていたのです（「自民党員数、５年連続増で１０６万人に　７割の議員が１千人獲得のノルマ達成」産経新聞２０１８年３月５日19時54分）。

しかし、安倍自民党は、ますます対米従属性を深め、財界政党としての性格を強くするだけではなく、ネット右翼的性格を有しているため、ノルマや罰則で脅しただけでは党員数は増えません。そこで、「桜を見る会」などが党員獲得の一つとして利用されたのではないでしょうか。

２０１２年12月の衆議院総選挙で自民党は勝利し、第二次安倍政権が誕生しますが、衆議院議員総選挙における自民党の比例代表選挙での得票は、郵政選挙で圧勝した２００５年では２５８８・８万票を獲得したのに、２００９年には１８８１・０万票へと減らして敗北し、２０１２年には１６６２・４万票へとさらに得票数を減らしていたのです。にもかかわらず２０１２年衆議院総選挙で勝利できたのは、民主党が得票数を2984・5万票（2009年）から962・9万票（2012年）へと2021万票余りも減らし、投票率も69・3％（2009年）から59・3％へと下がり、過剰代表させる「小選挙区効果」で勝利できたからなのです（詳細については、上脇博之『ここまできた小選挙区制の弊害　アベ「独裁」政権誕生の元凶を廃止しよう！』あけび書房・2018年を参照）。

したがって、党員獲得は自民党にとって重大な課題だったのです。

2019年参議院通常選挙への利用

「桜を見る会」による党勢拡大は、もちろん、選挙での勝利のためでもあったことでしょう。このことは容易に想像できますが、安倍自民党は意識的に選挙利用していたようです。

まず指摘できるのは、参議院通常選挙への利用です。自民党は、2019年1月、夏に改選を迎える党所属参院議員に対し、安倍晋三首相主催の「桜を見る会」に友人や知人、後援会関係者などを「4組までご招待」できるとした案内状を送っていました。この案内状は党本部が指示して、自民の参議院事務局が改選議員あてに送付したもので、案内状は「1月31日発信」となっており、「一般の方（友人、知人、後援会等）を、4組までご招待いただけます」などと記載されており、申し込みはメールで行うように求めていました。自民党の世耕弘成・参議院幹事長は11月19日の会見で、「招待枠」ではなく、あくまで「推薦枠」との立場を示しつつ、案内状送付の事実を認め、改選議員には慣例的に「枠」を多く割り当てていたとも明かしました。世耕氏自身も、7月の改選組の一人で、案内状を受け取り、事務所を通じて、4組を「推薦していると思う」と語りました（「桜を見る会『4組までご招待』参

院自民、議員に案内状」朝日新聞2019年11月19日23時42分）。

「4人」ではなく「4組」だとなると、「1組2人と少なく見積もっても、議員1人当たり8人の枠。自民党の改選議員は66人だったので、500人以上が招待された可能性」がありそうです（「自民改選議員を〝常習〟招待『桜を見る会』で48人違法当選か」日刊ゲンダイ2019年11月20日15時）。

参議院は解散がなく6年任期の議員は半数ずつ改選で任期満了のときしか通常選挙は施行されないので、参議院通常選挙の施行時期はほぼ分かっています。衆参国会議員の後援会関係の招待は、党員、支持者の拡大が狙いなのに対し、「参議院の改選議員」の招待は、明らかに来る選挙を意識したもので、極めて露骨で悪質です。自民党は、事実上の買収効果を期待した結果、改選議員に一定の招待枠を確保したのではないでしょうか。

このような手口は、2019年の参議院議員通常の時だけのことだったわけではないようです。世耕弘成・参議院幹事長は「改選をもって引退される議員もたくさんいるので、（非改選議員より）慣例的に多く割り当てていた」と〝常習〟を白状したからです。

また、地方議員の支援者にも「枠」があったようです。安倍首相の地元・山口県下関市の複数の自民系市議が、安倍事務所名の「桜を見る会」参加申込書で自身の支援者を招待していたのです。複数の自民系市議の証言によると、申込書は何枚でもコピーでき安倍事務所から上限は示されていなかったというのです。非自民の複数の市議に用紙は渡っておらず、各界の功労者らを招く公的行事が、地方議員の支援者を優遇する形で自民党の支持固めに政治利用されていたわけです（「桜見る会、下関市議枠　安倍事務所から申込書　招待人数、上限なし」毎日新聞2019年11月19日）。

2018年自民党総裁選への利用

さらに、6年ぶりに実施された2018年9月20日の自民党総裁選挙に「桜を見る会」は利用されたようです。同年の自民党総裁選が行われる5カ月前に安倍晋三首相主催の「桜を見る会」が同年4月21日に開催されました。このときの招待者数は一番多い人数(1万5900人)でした。

「桜を見る会」については例年、大部分の自民党都道府県連の幹事長ら幹部に招待状が届いていたのですが、2018年は、さらに、幹部以外の都道府県議員も招待されたようです。

十数年前の自民党政権時代に自民党の国会議員の秘書を務めていた際、総理大臣主催の「桜を見る会」の参加者に国会議員の推薦枠があることを知らされ、その枠を議員の支援者に割りふる仕事を担当し、その後に、ある地方の議員になった人物は、NHKの取材に対し、この議員が住んでいる地域では、地方議員が「桜を見る会」に招かれることはふだんはほとんどなかったのに、自民党の総裁選を控えていた2018年の「桜を見る会」には、この議員を含めて多くの自民党の地方議員が会に招かれたと証言し、この議員は「ふだんは招待されないのに総裁選前に全国の自民党の地方議員が呼ばれたということは、3選を目指ざす安倍総理大臣への支持固めという意味合いがあるのではないかという疑いを感じた」と話したというのです(「『桜を見る会』安倍首相の国会答弁と食い違う証言」NHK2019年11月14日20時02分)。

また、この証言した地方議員が含まれているかどうか不明ですが、内閣府は安倍首相名で自民党所属の京都府議28人と滋賀県議20人全員に招待状を送っていたいました(府議は半数超、県議は15人が出席)。例年は、府県連の関係者は幹事長らごく一部に限られており、役職を持たない地方議員の招待は異例であり、石破茂元幹事長と争った総裁選での地方票獲得をにらみ、党員・党友に影響力のある都道府県議を囲い込もうとしたのではないでしょうか。

ある県議は京都新聞の取材に対し「総裁選で安倍さんに投票してほしいというメッセージと受け取った。同僚議員もみんなそう話していた」と明かしました。府議の1人は「いきなり自宅に招待状が届いて驚いた。総裁選で支持者のとりまとめを期待する意図が透けて見えた」と話したそうです。

以上のような「私物化」につき、立命館大学の上久保誠人教授（現代日本政治論）は京都新聞の取材に対し「総裁選で安倍さんが比較的弱い地方の支持を得るため、京滋を含む全国の都道府県議を招待したのだろう。首相という立場にありながら、自民党という一政党の選挙のために税金を使うのはあり得ない」と批判をしました（「総裁選直前の「桜を見る会」京都府議と滋賀県議全員に招待状　例年は幹事長ら一部のみ」京都新聞２０１９年11月30日 10時）。

都道府県会議員研究もセット

以上のように２０１８年自民党総裁選のために都道府県議が「桜を見る会」に招待されていたのですが、さらに、「桜を見る会」とセットで都道府県会議員を対象にした研修会が開催されていたのです。その研修会は、「桜を見る会」前日（２０１８年４月20日）に東京都内で開催され、希望者を翌21日の「桜を見る会」に出席させていたと毎日新聞が報道したのです。その記事によると、その研修会は「党の改憲案を地方に浸透させる」との名目で都内のホテルで催され、地方議員約８００人が招待され、少なくとも京都（28人）、福島（29人）、滋賀（22人）の３府県連所属のほぼ全府県会議員が翌日の「桜を見る会」に招待され、少なくとも大阪や岐阜で「研修会に出席すれば『見る会』に出られた」との回答があり、「希望すれば見る会に出席できる」「奥様も一緒に」と呼び掛けがあり、党内から「総裁選に向けた党員票固めだ」との指摘もあったというのです（「希望者は桜を見る会出席　前日に地方議員研修会　昨年4月『私物化』浮き彫りに」毎日新聞2019年12月13日 20時04分）。

共同通信の配信記事「桜見る会前日に研修会、自民党　『総裁選対策』の声も」2019年12月17日16時22分）も、東京都内のホテルで都道府県会議員対象の研修会が開催され、憲法改正や地方創生、安全保障などがテーマで、安倍晋三首相が講演し、党の顧問弁護士からは、学校法人「森友学園」への国有地売却問題に関する説明もあり、一部の地方議員は共同通信の取材に「桜を見る会とセットにした総裁選対策だったのではないか」と指摘したとの記事を配信したのです。

「しんぶん赤旗日曜版」（2020年1月12日）によると、2018年の「桜を見る会」に参加した自民党の地方議員数は、確認できただけでも、北海道・東北が16人、関東が19人、北陸・信州が11人、東海・近畿が42人、中国・四国が15人、九州が18人、合計121人だったと報じたのです。そして、自民党関係者の次の証言を紹介しました。

「12年の総裁選の地方の党員数で、安倍さんは石破（茂・元幹事長）さんに大差をつけられ負けた。安倍さんは18年の総裁選では地方票でどうしても1位になりたかった。その対策で、地方議員を治療に招待したんだ」

また、「研修会と桜を見る会の案内が一緒に来た。流れなんやセットなんやと思っていた」という北陸地方の県議の証言や「招待状も受付票も受け取っていないが参加した」という九州地方の県議の証言、

「招待されたのは18年だけ」という大分県議の証言も紹介しました。

他方、総裁選で対立候補になった石破茂・元幹事長の地元、鳥取県からの地方議員の参加は確認できなかったと報道したのです。

２０１８年の「桜を見る会」の開催日（４月21日）が発表されたのは、同年１月26日で、その３日後の29日に自民党役員会で都道府県議会議員研究会の開催日（４月20日）やそこでの安倍首相の講演が発表されたのですが、自民党幹事長代行だった萩生田光一氏（現在の文科大臣）は自身のブログ（２０１９年４月19日付）で「桜を見る会」開催日の決め方について、「毎年、総理官邸と幹事長室で開催日を調整する」と書いており、萩生田氏は、９月の総裁選挙では安倍選対の事務局長を務めていたことも報じました（以上、「しんぶん赤旗日曜版」２０２０年１月12日）。

「桜を見る会」への招待も功を奏したようで、安倍首相と石破元幹事長の一騎打ちになった総裁選では、安倍首相が５５３票（議員票３２９票、党員算定票２２４票）、石破元幹事長が２５４票（議員票73票、党員算定票１８１票）で、安倍首相３選という結果になりました（２０１２年の第１回投票では安倍１４１票、そのうち地方票87票、石破１９９票、そのうち地方票１６５票。ほかに町村信孝氏、石原伸晃氏、林芳正氏も立候補）。

第４節　安倍後援会員への特別厚遇

安倍後援会員数の突出ぶり

すでに紹介したように「与党議員の推薦枠」はありましたので、その合計数は大勢になったのですが、一人一人の推薦枠はそれほど多かったわけではなく、少数にとどまっていました。

ところが、「安倍晋三後援会」が推薦し招待された人数は850名余りもいました。安倍事務所が後援会員らに送付した「参加申し込み」には、家族や知人、友人が参加する場合「(用紙を)コピーしてご利用ください」と明記されていたので、参加者が膨れ上がったのです。つまり、自己の政治団体である「安倍晋三後援会」の後援会員に加え、会員以外も多数招待していたのです。こうして自民党内でも明らかに突出した招待者数になったわけです。

2019年11月8日の参議院予算委員会で田村智子議員(日本共産党)が「総理も後援会関係者を多数招待しているのではないか」と追及すると、如何に「各界の代表者」が後援会に多数いたのかを説明するかと思ったら、何と次のような言い訳をしたのです。

「さまざまな、たとえば地元において自治会等々でですね、あるいはPTA等で役員をされている方もおられるわけでございますから、当然、そういう方々とですね、これは後援会に入っている方々が、これは重複することも当然あるわけでございまして、そういうなかで招待されているものと承知をしております」(「安倍首相『桜を見る会』の税金を使った不正が国会で明らかに!『地元の自治会やPTA役員を招待』と白状　萩生田・稲田・世耕も…」LITERA 2019年11月8日9時45分)

明らかに「開催要領」における「招待範囲」を逸脱した大勢の後援会員を招待したことを自白したようなものです。

また、「桜を見る会」の推薦期限の点でも安倍後援会は特別扱いされていました。2019年の場合、各省庁の期限は2月8日でしたが、安倍後援会の期限は早くても2月20日でした。後援会員らに送付した『「桜を見る会」のご案内』（平成31年2月吉日）には、同日までに「安倍事務所または、担当秘書」まで申込むように明記していたからです。

事実上の「安倍昭恵枠」

また、2019年10月13日付「しんぶん赤旗日曜版」は、「安倍昭恵夫人枠」があったのではないかとの証言を紹介していました。

・「なぜ自分が招待されたのかわからない」「思い当たるのは、あるイベントで昭恵さんと名刺交換をしたこと。それ以降、会の状態場が届くようになった」「僕は政治家の知り合いがいないし、自民党支持者でもない、〝昭恵夫人枠〟としか考えられない」（関東近県に住む男性）

・「明日の『桜を見る会』の前夜祭・・・昭恵さんもご多忙の中いらしてくださいました」（2015年から5回連続で招待されたスキーイベント実行委員会（昭恵氏が名誉会長）の委員のSNS書き込み。翌日「桜を見る会」の写真を投稿）

・「総理夫人、内閣参事官・・・いつもながら濃い面々」「明日は総理主催の桜を見る会なのにそんなに飲んでみんな大丈夫かー？」（2015年参加した、昭恵氏の農業仲間のSNS書き込み。昭恵氏と酒を飲む写真を投稿）

・「昭恵さんの日本酒『やまとのこころ』をプロデュースしているＬａｄｙ ＳＡＫＥ Ｐｒｏｊｅｃｔのメンバーと一緒に桜を楽しみました」（2016年参加した、日本酒をつくる女性グループのメンバーの

ＳＮＳ書き込み）。

また、「しんぶん赤旗」は、前述の「関東近県に住む男性」の証言のほか、次のように複数の招待者の証言を紹介しています（「桜を見る会に〝昭恵氏枠〟複数の参加者　本紙に証言『私人』が推薦なぜ」２０１９年11月21日）。

・「ＵＺＵの学校の皆さんとお会いできました」「安倍昭恵さん、お招きありがとうございました！」（昭恵氏が校長を務める講座型スクール「ＵＺＵ（ウズ）の学校」の関係者のＳＮＳ書き込み。会場の様子を撮影した写真も投稿）

・「昭恵さんからの連絡はありませんでしたが、これまでの関係性の中で招待していただいたと思っている」（「ＵＺＵの学校」で講演し２０１７年の「桜を見る会」に参加した会社役員男性）

また、毎日新聞も「昭恵氏の推薦で招待されたとみられる参加者」として、「出身校の聖心女子学院の後輩」「昭恵氏が校長を務める女性フォーラム『ＵＺＵの学校』のパネリスト」「農業関係のＮＰＯの理事」「昭恵氏が協力する地方創生フォーラムで講演した男性」「昭恵氏が関わるスキーイベント関係者」「昭恵氏がつくったランニングクラブの関係者」「山形県の子育て支援ＮＰＯ代表理事の女性」の証言やＳＮＳ投稿などを紹介しています（「『昭恵枠』不透明な招待基準　出身校後輩、主催フォーラム参加者…『まるで同窓会』」２０１９年12月29日18時30分）。

「総理推薦枠」と「自民党議員推薦枠」の使い分け

ところで、前述したように、11月20日午前の衆議院内閣委員会で菅義偉官房長官が首相側の推薦に基づき約１０００人が招待されていたことを認めた際に、そこには妻昭恵氏の推薦者も含まれていたことも認めました。そこで気になるのは、大西証史内閣審議官が「安倍事務所において幅広く参加希望者を募るプロセスの中で、夫人からの推薦もあった」という説明です（「桜を見る会に〝昭恵氏枠〟複数の参加者　本紙に証言『私人』が推薦なぜ」しんぶん赤旗２０１９年11月21日）。

安倍事務所は、地元の後援会会員以外の全国の昭恵氏と名刺交換などした人物も推薦したのでしょうか？

否、そうではなく、昭恵氏は山口県内の地元の安倍事務所を介さずに内閣府に直接推薦していたのでしょうか。だからこそ、菅官房長官は安倍首相の推薦に昭恵氏の推薦も含まれると説明したのでしょう。毎日新聞も、安倍首相と面識がないのに、２０１９年まで3年連続で招待された「昭恵氏が協力する地方創生フォーラムで講演した男性」の招待状は「総理枠」を示す「60」の番号だったと報じています「『昭恵枠』不透明な招待基準　出身校後輩、主催フォーラム参加者…『まるで同窓会』」２０１９年12月29日18時30分）。

そうすると、政府が「安倍事務所において幅広く参加希望者を募るプロセスの中で、夫人からの推薦もあった」と説明しているということは、安倍事務所の推薦も「総理枠」だったことになりそうです。

ところが、そうなると、前述した、首相側推薦約１０００人、自民党関係者推薦約６０００人という菅官房長官の説明には疑問が生じます。後述するように、そもそも２０１５年におけるジャパンライフ元会長の招待状の受付表には「60－２３５７」と明記されていましたので「総理推薦枠」は少なくとも２３５７人あったことになります。また、「総理推薦枠」に、昭恵氏の推薦も安倍事務所の推薦も含まれるとなると、1000人を超えると推定されるからです。

菅官房長官は「総理推薦枠」の人数が膨大であった真実を公表するわけにはいかないと判断し、できるだけ少なく見せるために、「総理推薦枠」の多くを「自民党総裁推薦」として自民党関係推薦枠に含めて虚偽の発表をしたのではないでしょうか!?

安倍首相の「招待者の取りまとめ」への関与

2019年11月8日、日本共産党の田村智子参議院議員の質疑に対し、安倍首相は、「私は、主催者としてのあいさつや招待者の接遇は行うのでありますが、招待者の取りまとめ等には関与していないわけであります」と答弁していました(「首相事務所ツアー案内　公費『桜を見る会』地元有権者に　首相、とりまとめ否定の答弁」朝日新聞2019年11月13日)。

しかし、前述した通り、同月20日の衆議院内閣委員会で安倍首相らの推薦枠の実態が明らかになりましたので、安倍首相は、同日の参議院本会議で、自身も推薦に関わっていたことを認めました。とはいえ、同月8日の答弁が虚偽だったのではないかと問われると、安倍首相は「招待者の最終的な取りまとめには一切関与していない」と言い張ったのです(「桜を見る会私物化　首相疑惑いっそう」しんぶん赤旗2019年11月21日)。つまり責任逃れの答弁です。

第5節　財政法違反と刑法の背任罪(第247条)

財政法違反

安倍政権下における「桜を見る会」の予算の執行は、財政法違反です。前述したように、招待人数は1万人程度なのに第二次安倍政権下では増え続け、2019年には1万5400人にまで増えました。その結果、予算額は1766万6000円のままなのに、2019年の実際の支出額は予算額の3倍超の5518万7000円まで増えてしまいました。その原因は、前述したように、「開催要領」の「招待範囲」外の者を政治枠として勝手に招待したからです。

そもそも財政法は予算の目的外支出を禁止しています（第32条）。「招待範囲」外の者を招待し、その分の支出が増えた場合、その支出は財政法の禁止する目的外支出であり違法です。会計検査院の元調査官も、「安倍後援会の後援会員のように、まったく関係ない人物の招待は想定していない。」と明言していますし、別の会計検査委員関係者も次のように指摘しています（「しんぶん赤旗日曜版」2019年10月20日）。

「一般論として、開催要領や予算にもとづかない支出をした場合、会計検査委員が『改善の処置を要求』したり、税金が無駄になった『不当事項』に認定したりすることが考えられる。」「要領の人数や予算の範囲で招待するよう努めるのが当然です。毎年の大幅超過はおかしい。」「自分が担当調査官なら、招待者名簿を提出させ、『なぜ山口県の功労者が多いのか』と指摘するでしょう。日曜版の記事にあるように安倍事務所の人選による招待だと確認できれば、まさに『招待範囲外』となります。」

国の公金違法支出の国庫返納を求める訴訟の制度なし

ところで、地方においては、例えば、首長が違法な公金支出を行えば、その返納を求める住民が監査請求、住民訴訟を提起することができます（地方自治法第242条、第242条の2）。

しかし、国の場合、首相が違法支出をした場合にその違法支出分を国庫に返還するよう求める訴訟（国民訴訟）は制度上認められてはいません。そうなると、国民は別の方法で安倍首相の責任を問う途を探すしかありません。その一つは政治的責任の追及です。

国の損害は1億6360万円超（2014年以降）

「桜を見る会」は安倍首相の主催ですので、安倍首相は、そのための予算1766・6万円の枠内で、かつ、その「開催要領」の「招待範囲」を遵守し、適正にその業務を遂行する任務を負っていました。しかし、安倍首相は、その任務に違反し、「開催要領」の「招待範囲」を超える人物らを招待したため、2019年の「招待者」は「招待範囲」に明記された「約1万人」をはるかに超えて1万5400人へと、実際の「参加者」は1万8200人へと、それぞれ増え、予算額3倍超の5518万7000円を支出させました。

その原因は、すでに指摘したように、安倍自民党総裁の場合は、自らが首相で「桜を見る会」の主催者であるという地位を悪用して自己の後援会（安倍晋三後援会）の会員を多数招待し、しかも後援会が配布する招待状には知人、友人であれば誰でも「コピーして参加出来るよう」安倍後援会の桜を見る会の参加申し込み用紙を大量に配布し、その上、安倍昭恵夫人の枠まで設定するなどしていました。それを含め「与党議員推薦（招待）枠」を大幅に拡大し、自己の所属政党及び自己の選挙及び家族の利益を図り、結果的に合計約18200人も招待し、もって約8200人も大幅に参加させ、国に最低でも8200人名分の飲食代金相当額の財産上の損害を与えたのです。予算超過額は3752万1000円ですが、これは2019年だけです。

予算超過額は2014年から2019年までを総計すると1億6360万2000円になります。

安倍首相はこの政治的責任を負うべきです。

刑法の背任罪（第247条）

安倍首相は、刑法の「背任罪」にも問われるべきです。

刑法第247条は、「他人のためにその事務を処理する者が、自己若しくは第三者の利益を図り又は本人に損害を加える目的で、その任務に背く行為をし、本人に財産上の損害を加えたときは、5年以下の懲役又は50万円以下の罰金に処する。」と定めています。

憲法第15条によると公務員は「全体の奉仕者」として公共の利益のために職務を行うべき者です。内閣総理大臣の職にある者も公務員の一人であり、各年の「桜を見る会」の主催者である内閣総理大臣は、「桜を見る会」の遂行に関する一切の事務について国（国民全体）の利益のために適切に企画し実行すべき立場にある者です。したがって、安倍首相は、刑法第247条の「他人のためにその事務を処理する者」です。

安倍首相は、「開催要領」の「招待範囲」には含まれない者たちを紹介していますので、自身の利益、後援会員や与党（自民党・公明党）国会議員らの利益をはかる目的、すなわち、刑法第247条にお

2014年以降の「桜を見る会」の予算額、支出額、予算超過額

年月日	予算額	実際の公費支出額	予算超過額（国の財産上の損害額）	備考
2014年4月12日	1766.6万円	3005.3万円	1238.7万円	時効
2015年4月18日	1766.6万円	3841.7万円	2075.1万円	2075.1万円
2016年4月9日	1766.6万円	4639.1万円	2872.5万円	2872.5万円
2017年4月15日	1766.6万円	4725.0万円	2958.4万円	2958.4万円
2018年4月21日	1766.6万円	5229.0万円	3462.4万円	3462.4万円
2019年4月13日	1766.6万円	5518.7万円	3752.1万円	3752.1万円
合計			1億6360.2万円	1億5121.5万円

ける「自己若しくは第三者の利益を図る」目的があったと言えます。

公務員の任務は、「法令、予算、通達、定款、内規、契約等」を根拠としていますので、その根拠に基づく任務に反する行為で、その行為が、国に財産的損害を生ぜしめる性質のものであれば、刑法第２４７条における「その任務に背く行為をし」たと言えます。安倍首相は内閣府の長として桜を見る会を企画し実施して必要な経費を支出するに当たっては、「桜を見る会開催要領」および予め定められた歳出予算額を遵守すべき義務を負っていましたが、安倍首相は「桜を見る会開催要領」における「約１万人」というと限定されていた範囲を大幅に逸脱して無原則に招待者を拡大し、予算の制約を大幅に超えて費用を支出した点において、その任務に違背したのです。

刑法第２４７条における「本人」とは、国のことです。内閣総理大臣が「桜を見る会」の予算を超過させて国に支出を行わせれば、刑法第２４７条における「財産上の損害を加えた」と言えます。予算超過額が「国の財産上の損害額」になります。

背任罪の罰則は「5年以下の懲役又は50万円以下の罰金」なので、公訴時効は5年になります（刑事訴訟法第250条第2項第5号）。したがって、現時点で安倍首相の背任罪としての刑事責任を問う場合には、2015年から2019年までの予算超過額1億5121万5000円が「国の財産上の損害額」になります。

第3章　「桜を見る会」招待者名簿の廃棄と説明放棄問題

第1節　財政民主主義と政府の説明責任

国家の財政は国民の納税に基づいており国民生活を大きく左右します。国民主権主義を採用している日本国憲法は、国家の財政について一つの章（「第7章　財政」）を使って定め（財政立憲主義）、そこにおいて主権者国民の代表機関であり国権の最高機関である国会（第41条・第43条）を中心に国家財政を決定するという立場（財政国会中心主義）を採っています。すなわち、「国の財政を処理する権限は「国会の議決に基いて」行使するよう定め（第83条）、「国費を支出」するには「国会の議決に基くことを必要とする」とし（第85条）、「内閣は、毎会計年度の予算を作成し、国会に提出して、その審議を受け議決を経なければならない」と定めています（第86条）。これは財政民主主義といいます。

また、日本国憲法によると、「国の収入支出の決算は、すべて毎年会計検査院がこれを検査し、内閣は、次の年度に、その検査報告とともに、これを国会に提出しなければならない。」（第90条第1項）、「内閣は、国会及び国民に対し、定期に、少くとも毎年一回、国の財政状況について報告しなければならない」と定められてもいるのです（第91条）。つまり、日本国憲法は、予算の執行について政府が主権者国民と国会に対し説明するよう、政府に責任を課しているのです。

公文書管理法と情報公開法

したがって、政府は適法・適切な予算執行がなされたこと、言い換えれば違法・不適切な予算執行がなされかったことを証明するための重要な手段として予算執行に関する公文書を適正に保管し、いつでも国会や国民の疑問・質問に対し、その行政文書を公表するなどして適切・真摯に説明できるようにしなければなりません。

公文書管理法（公文書等の管理に関する法律）は「国及び独立行政法人等の諸活動や歴史的事実の記録である公文書等が、健全な民主主義の根幹を支える国民共有の知的資源として、主権者である国民が主体的に利用し得るものであること」を考慮して「国民主権の理念にのっとり、公文書等の管理に関する基本的事項を定めること等により、行政文書等の適正な管理、歴史公文書等の適切な保存及び利用等を図り、もって行政が適正かつ効率的に運営されるようにする」とともに「国及び独立行政法人等の有するその諸活動を現在及び将来の国民に説明する責務が全うされるようにすること」を「目的」とする法律です。

また、情報公開法（行政機関の保有する情報の公開に関する法律）は「国民主権の理念にのっとり、行政文書の開示を請求する権利につき定めること等により、行政機関の保有する情報の一層の公開を図り、もって政府の有するその諸活動を国民に説明する責務が全うされるようにする」とともに「国民の的確な理解と批判の下にある公正で民主的な行政の推進に資すること」を「目的とする法律です（第1条）。

つまり、両法律は国民主権の下で政府が「国民に説明する責務」を全うさせるための法律であり、民主主義に不可欠な法律なのです。したがって、日本国憲法を遵守する正常な政権であるならば、前章で指摘した財政法違反の公金支出をしてないことを会計検査院や国会・国民に対し証明・説明する責任を全うするために公文書を残し説明を尽くすはずです。

説明責任を放棄して招待者名簿を廃棄!?

この点につき、安倍首相主催の「桜を見る会」では、その予算の範囲内で執行されたのか、「開催要項」における「招待者数1万人」の範囲内で招待がなされたのか、言い換えれば「招待範囲」に含まれない者を招待したのかどうかが重要な論点になります。したがって、毎年の招待者名簿を保存しておくことは適法・適正な予算執行を証明するために不可欠になります。元会計検査院関係者は、「招待者名簿などは参加者数の把握に必要です。」と指摘しています（「しんぶん赤旗日曜版」2019年10月20日）。

国民民主党の玉木雄一郎代表は2019年11月13日の記者会見で、首相主催の「桜を見る会」に関し、2010年4月に鳩山由紀夫政権で開催された際、同党が「党関係招待者検討チーム」を作り、選考基準を示し、そこでは情報公開請求があればリスト（招待者名簿）を公開する可能性があると明記していたそうです（「桜を見る会　民主党政権でも議員『推薦枠』　国民・玉木代表明かす」産経新聞2019年11月13日16時47分）。

ところが、安倍政権は、なんと2019年「桜を見る会」（4月13日）の招待者名簿を、電子データも含め、廃棄したと説明したのです。2019年5月21日の衆院財務金融委員会で、日本共産党の宮本徹衆議院議員の質疑に対して、内閣府の井野靖久大臣官房長は「今年の資料も、すでに開催が終わったので破棄した」と述べました（「安倍首相主催『桜を見る会』招待者　数千人超過『資料は破棄』内閣府が答弁　宮本議員追及」しんぶん赤旗２０１９年５月22日）。また、同年11月８日、内閣府の大塚幸寛官房長は「毎回、桜を見る会の終了をもって使用目的を終えるということもございますし、個人情報を含んだ膨大な量の文書を適切に管理する必要が生じることもございまして、従前から一連の書類につきましては、保存期間１年未満の文書として、終了後、遅滞なく廃棄する取り扱いとしているところでございます」と答えたのです（上西充子「桜を見る会、安倍政権のごまかし見破る六つの注意点　野党を批判している場合でない理由」全国新聞ネット　２０１９年12月４日７時）。

招待者名簿はどこかに残っているのではないか!?

「桜を見る会」について２０１９年11月20日の衆議院内閣委員会で、政府は「連続して毎年同じ方が呼ばれるようなことは避けて欲しいとお願いしている」と答弁しており（宮本徹衆議院議員の「『桜を見る会』の招待者名簿等廃棄問題に関する質問主意書」２０１９年12月４日）、また、「各省庁への推薦依頼には、『原則として同一人が連続して招待を受けることのないよう配慮』することを記載しているものもある」との政府答弁書もあります（「衆議院議員宮本徹君提出『桜を見る会』の招待者名簿等廃棄問題に関する質問に対する答弁書」同年同月17日。同年11月21日の参議院内閣委員会での田村智子議員の発言）。さらに、今年１月８日の菅義偉官房長官の記者会見では、招待者の数が膨張し続けた理由について「過去に招待した方をお呼びしないのは難しいという場合もあったのではないか」などと答えたのです（「桜を見る会、招待者数膨張『過去の招待者、呼ばないのは難しい』８日午前の菅氏会見詳報」毎日新聞２０２０年１月８日 14時３分）。

ということは、それをチェックするためには、数年分の招待者名簿が保管されていなければならないはずです。小渕恵三内閣（1998～2000年）時代、当時の総理府（内閣府の前身）で「桜を見る会」を担当していた元官僚は、「名簿は少なくとも数年は残していました。同じ人を2年、3年連続で招待することがないようにするためです。人数は前年の実績が指標になるので、名簿を1年未満で廃棄することはありえない」と証言しています。当時から招待者の取りまとめは官房人事課が担当し、同課の職員が、同じ人に複数の招待状が送られることがないように名簿を繰り返しチェックしていたといいます（「『桜を見る会』招待者名簿『廃棄1年未満ありえぬ』元担当官僚が本紙に証言」しんぶん赤旗2019年11月16日）。

したがって、例えば2019年度の招待者名簿については、数年間（少なくとも翌2020年度）の招待者を決定するまでは保存しておかなければならないはずです。そうしなければ、2020年度の招待者を適正に決定できないからです。2020年度の「桜を見る会」は中止しましたが、2021年度は再開する方針なのですから、2019年度以前の招待者名簿は今でもどこかに保存されているのではないでしょうか。つまり、政府の「招待者名簿廃棄」答弁は虚偽ではないかと思えてなりません。

第2節 「ジャパンライフ」会長を招待

政治的背景を懸念した行政処分

預託商法会社「ジャパンライフ」（東京）は、マルチ商法を展開して破綻して2017年末に負債総額2400億円超で倒産しました。磁気ネックレスなどのオーナー商法で高齢者を中心に被害者が約7000人、被害総額は2000億円にのぼったそうです。「ジャパンライフ」（現在、破産手続き中）の山口隆祥会長（当時）は安倍首相主催の2015年度の「桜を見る会」に招待されており、「ジャパンライフ」は信用力をアピールするために、「桜を見る会」の招待状の写真を載せたチラシで顧客を勧誘していました。つまり、招待状は、当時資金繰りに行き詰まり「店じまい」を検討していた「ジャパンライフ」に最後の荒稼ぎをするチャンスを与え、その結果として、安倍首相・政権が「ジャパンライフ」のマルチ商法を結果的に後押ししたのではないか、との疑惑が生じたのです。

日本共産党の大門実紀史参院議員は、2019年12月2日、野党5党でつくる「桜を見る会」に関する「追及本部」の会合に、ある文書を提示しました。その文書とは、2014年7月、「ジャパンライフ」の行政処分を検討していた消費者庁内で課長クラスの会議を開いた際に配布したものとみられる内部文書であり、「本件の特異性」として「政治的背景による余波懸念」などと記されていました。

大門議員によると、消費者庁は当時、「ジャパンライフ」に立ち入り調査したうえで行政処分を検討していたものの、最終的には2014年9月と10月に、文書による行政指導にとどめており、何らかの「政治的背景」で処分に踏み込まなかった可能性があると説明し、この文書について「消費者庁の文書か」と確認の答弁を求めましたが、同庁担当者は「消費者庁の文書かどうか確認する」と述べるにとどめました（「ジャパンライフ疑惑　文書に『政治的背景による余波懸念』」毎日新聞2019年12月2日22時21分）。

野党「桜を見る会」追及本部は2019年12月20日、ジャパンライフ問題調査班メンバーの参加の下、愛知県豊田市で、マルチ商法大手の「ジャパンライフ」被害者から被害の実態を聞いたところ、被害者は、「山口隆祥会長は、安倍首相から『桜を見る会』の招待状が届くくらいの人なのだからと信用した」と証言し、安倍晋三首相に対しては、「招待したのなら、隠すことなく、はっきり言ってもらいたい」と述べました（「『桜』招待状『信用した』 ジャパンライフ被害者 野党実態調査」しんぶん赤旗２０１９年12月21日）。

「ジャパンライフ」会長の招待は「総理枠」

「ジャパンライフ」会長の招待は「総理枠」だったのではないか、安倍首相が被害の拡大に協力したのではないか、という重大問題についても、日本共産党だけではなく健全野党全体が追及し始めました。

まず、２０１９年11月25日の参議院行政監視委員会で、日本共産党の田村智子参議院議員がジャパンライフの元会長に届いた招待状の受付表に「60－２３５７」と明記されており、したがって区分番号「60」が記載されている、と指摘しました。政府は首相（総理）推薦枠を思わせる「60」の数字について「どうやって割り振ったのか今となってはよく分からない」と説明を拒否していましたが、同月29日の参議院行政監視委員会の理事懇談会で、内閣府は、区分番号「60～63」について「首相、長官等推薦者」とした文書について、「内閣府が出した資料に間違いない」と説明し内部文書であることを認めました（「首相推薦枠？『60』は政府資料　元会長の招待状に記載」朝日新聞２０１９年11月29日21時00分）。

しかし、12月17日の衆議院内閣委員会理事会で、内閣府の担当者は「桜を見る会」招待者名簿の電子データ廃棄の経緯について「これ以上のログ（記録）を調べる考えはない」し、区分番号「60」に

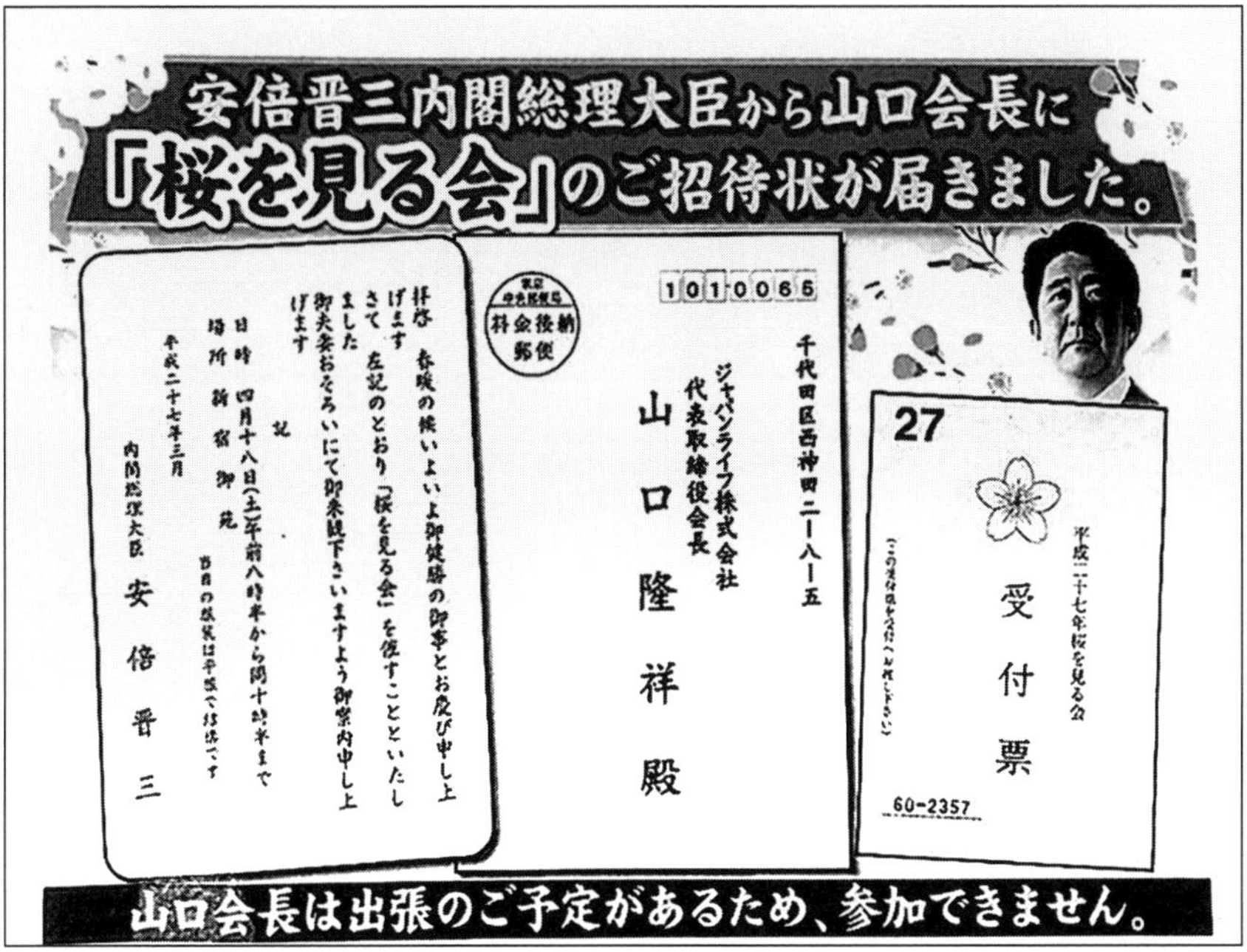

ジャパンライフが勧誘に使っていたとされる桜を見る会の招待状（提供：田村智子事務所）

ついても「これ以上調査する考えはない」と答え、これらの回答は「政務（の答弁）を踏まえた対応だ」と明言しました（「内閣府　ゼロ回答固執　『桜』疑惑　首相答弁など理由に　衆院委理事会」しんぶん赤旗２０１９年12月18日）。

ところが、12月23日の参議院内閣員会の理事会で、安倍晋三首相主催の「桜を見る会」を巡り、政府は野党会派が提出していた14項目の質問状に回答し、そのうち、内閣府の大塚幸寛官房長は招待客の区分番号について、担当者から聞き取った結果として「60番台は従来、官邸や与党の関係だった」と毎年踏襲してきたことを明らかにしたのです。もっとも、マルチ商法を展開したジャパンライフの山口隆祥元会長が２０１５年に招待された際の受付票に記された区分番号「60」に

平成17年桜を見る会

分野別招待者数

2006/2/21

平成17年4月9日（土）開催　<新宿御苑>

区分	招待者内訳	人数	内訳	備考	
皇	皇族	20		皇族及び元皇族	
	各国大公使等	717		大使、大使館員、駐留米軍、外国報道機関	
	衆参両院正副議長、最高裁判所長官	5			
10	国会議員	639		大臣等を除く	
20	国務大臣	20		総理を除く	
	副大臣、政務官、認証官及び各省庁局長以上の者	514			
	東京都、道府県知事・議長等	84			
30	元国会議員	109		衆59名、参50名	
	歴代総理大臣、同未亡人	14			
	前事務次官等	10			
31	中綬章以上の叙勲者、文化勲章受章者	760		16年春379名、秋376名、文勲5名	
40	各種委員会、審議会の長	105			
41	特殊法人の長	72			
50	各界功績者（各省庁推薦者）	1.538	201	内閣～内閣府外局	
51			663	総務省～文科省	
52			674	農水省～環境省、最高裁	
	総理大臣推薦者	2,420			
60	総理大臣		737		
61	自民党		1,483		
62	公明党		200		
63					
	官房長官等推薦者	324			
65	官房長官		132		
66	官房副長官		192		
70	報道関係者	401		専門新聞4	
80	特別招待者	607			
	芸術、文化、スポーツ関係者		201	芸能65名、オリンピック85名、パラリンピック51名	
	国際貢献、国際ボランティア、国際緊急援助隊		352		
	災害復旧関係功労者		22		
	殉職者		32	警察5 消防13 防衛14	
	内閣・内閣府関係者	378			
90	内閣総務官室関係		119		
91	総務課関係		88		
92	人事課関係		112		
93	会計課関係		59		
	合計	8,737			

提供：田村智子事務所

関し、野党側は首相枠を示すのかどうか重ねて確認を求めたところ、大塚官房長は「招待者名簿を廃棄しているため、個別の番号については定かではない」と明言を避けました（「『桜を見る会』招待客区分番号『60番台は従来、官邸や与党』」東京新聞２０１９年12月24日）。

同月24日、日本共産党の宮本徹衆議院議員が国立公文書館で保管されている文書「平成18年（06年）桜を見る会決裁」を野党の追及本部に提示しました。そのなかには２００５年の「桜を見る会」の「分野別招待者数」があり、それによると、２０１５年同時、区分番号「60」が首相枠だったことが明示されていました（「『60』やはり総理枠　桜を見る会　宮本議員、公文書で確認　13年前、『安倍官房長官』も決裁」しんぶん赤旗２０１９年12月25日）。

東京新聞は、首相主催の「桜を見る会」を巡り国立公文書館に対し情報公開しており、国立公文書館は同日、２００５年に首相が推薦した招待客の区分番号が「60」だったことを示す内閣府の公文書を開示しました。その公文書は２００５年の分野別招待者数の一覧表であり、区分番号「60」は「総理大臣」で人数は７３７人で、「61」は自民党で１４８３人、「62」は公明党で２００人、「65」は官房長官で１３２でした。

この文書は、同日の野党の「桜を見る会」追及本部でも開示され、日本共産党の宮本徹衆議院議員は、首相推薦の区分番号が現在も同じか確認を求めましたが、政府側は「05年はそうだったかもしれない」としつつ、詳しい説明は避けました。

東京新聞に開示された公文書の中には、２００６年の「桜を見る会」に関し「招待者について、別添のとおり決定する」という内容の決裁文書もあり、当時の小泉純一郎首相や安倍晋三官房長官らの

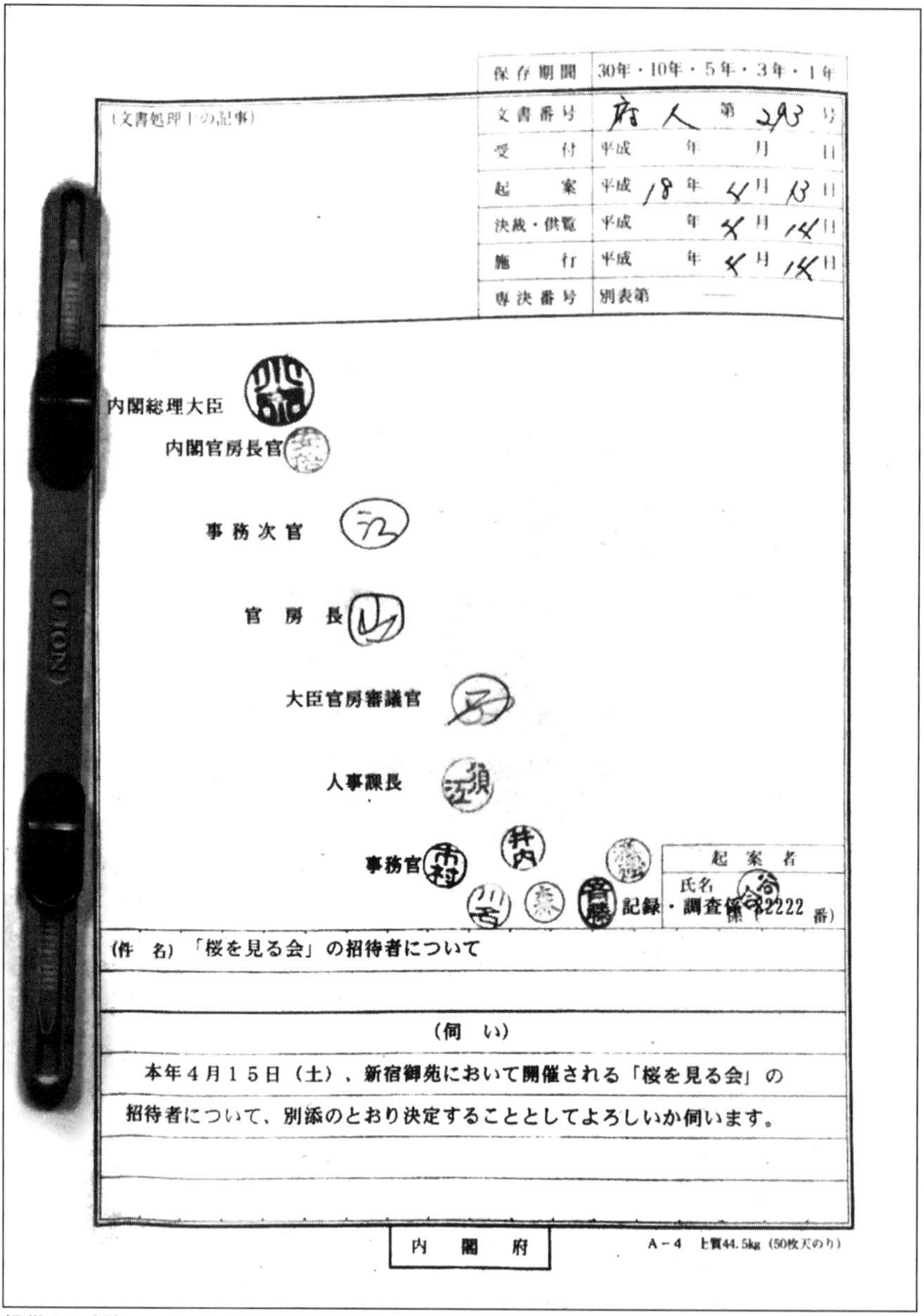

保存期間	30年・10年・5年・3年・1年
文書番号	府人　第　293　号
受　　付	平成　　年　　月　　日
起　　案	平成 18 年 4 月 13 日
決裁・供覧	平成　　年 4 月 14 日
施　　行	平成　　年 4 月 14 日
専決番号	別表第　―

（文書処理上の記事）

内閣総理大臣

内閣官房長官

事務次官

官房長

大臣官房審議官

人事課長

事務官

記録・調査係

起案者
氏名
係（2222 番）

（件　名）「桜を見る会」の招待者について

（伺　い）

本年４月１５日（土）、新宿御苑において開催される「桜を見る会」の招待者について、別添のとおり決定することとしてよろしいか伺います。

内　閣　府

Ａ－４　上質44.5kg（50枚天のり）

提供：田村智子事務所

押印があり、政府側は２０１９年の招待者名簿について、決裁はしておらず、すでに廃棄した、と説明しました（「桜を見る会　首相枠『60』示す公文書　05年分、本紙に開示」東京新聞２０１９年12月25日）

また、12月26日、野党の「桜を見る会」追及本部が開いた合同ヒアリングで、内閣府の担当者は、「桜を見る会」の招待者について「決裁を取っていることが確認できたのは２０１０年までだ」と語りました。２０１０年の「桜を見る会」は民主党政権だった鳩山由紀夫内閣が実施していましたが、民主党政権だった２０１１年、２０１２年には開催されていません。第二次安倍政権は２０１２年12月26日に発足し、翌２０１３年４月20日に安倍首相主催の「桜を見る会」が開催されています。つまり、内閣府の説明によると、第二次安倍政権が実施した「桜を見る会」以降、首相主催「桜を見る会」の招待者に関する決裁が行われていないことになります。

内閣府の担当者は「なぜ決裁を取らなくなったのかは分からない」との答弁に終始しました（「『桜を見る会』　第二次安倍政権以降　『招待者』決裁　実施せず　野党ヒアリング　内閣府が答弁」しんぶん赤旗２０１９年12月27日）。

しかし、政府が決済なしに招待状を送付することも「桜を見る会」を開催することもあり得ないことです。政府の説明は虚偽なのではないでしょうか!?

安倍首相とジャパンライフ山口元会長との関係

安倍首相は、２０１９年12月２日の参議院本会議で、ジャパンライフ山口隆祥元会長について「個人的な関係は一切ない」と答弁していました。

しかし、同月6日の野党合同ヒアリングにおいて、安倍首相の父・晋太郎氏は、外務大臣だった1984年9月にアメリカのニューヨークを訪問した際、ジャパンライフの山口会長（当時）と会ったと国会で認めており、この訪米に、当時、安倍晋太郎氏の秘書官だった安倍晋三首相も同行していた記録があることを外務省担当者が認めました（「首相、山口ジャパンライフ元会長と接点か　野党合同ヒアリング」しんぶん赤旗2019年12月7日）。

第3節　刑法の公用文書等毀棄罪（第258条）

招待者名簿廃棄は宮本徹衆院議員の資料要求1時間余り後

政府は、前述したように、2019年度分の招待者名簿を廃棄したと言い張っているのですが、その廃棄は大型シュレッダーで行われたと説明しています。問題は、その廃棄時期です。

日本共産党の宮本徹衆議院議員が5月9日正午過ぎに、内閣府・内閣官房控室に対して、「桜を見る会」の2008年から2019年までの招待者数の推移や招待者の選考基準を明記した文書の写し、招待者が増加した理由の説明などの開示要求ともに、締切を「5月9日（木曜日）中」と伝えた直後だったのです（「『桜を見る会』資料要求当日に名簿廃棄　国会追及逃れか」しんぶん赤旗2019年11月16日）。というのは、11月14日の野党合同ヒアリングにおいて、内閣府人事課担当者は、同年5月9日午後1時20分から1時間25分かけて、内閣府地下一階にある大型シュレッダー室において「招待者名簿」

の文書原本を、段ボール12箱分の資料とともに廃棄をしたと説明したからです。「5月9日午後1時20分」というのは、宮本徹議員から資料開示請求がされたわずか1時間あまりの後でした。内閣府によると、本来、行事が終了して速やかに廃棄をするため、4月22日に廃棄を予定していたものの、大型シュレッダーが混み合っていたので、「4月22日に（使用）予約を入れた」結果、廃棄が5月9日になったと弁明しました（「野党が資料要求した1時間後に名簿細断開始　桜を見る会」朝日新聞2019年11月28日20時40分）。

立憲民主党の中谷一馬衆議院議員は、11月29日に提出した「『桜を見る会』の招待者名簿に関する質問主意書」において、「政府は、招待者名簿の紙データを、野党議員が桜を見る会に関連する資料を要求した約1時間後の、2019年5月9日午後1時20分にシュレッダーにかけて廃棄をし、電子データについても『いつ消去したかは、分かりません。』と説明した。この状況は明らかに政府が都合の悪い情報を意図的に隠蔽していると疑われても仕方がないと考えるが、政府はどのように捉えているのか、所見を伺いたい」と質問したところ、安倍内閣は12月10日の答弁書において、以下のように答弁しました。

「招待者名簿については、内閣府において、保存期間1年未満文書とされている上、これを全て保存すれば個人情報を含んだ膨大な量の文書を適切に管理するなどの必要が生ずることから、公文書等の管理に関する法律等の規定に基づき、『桜を見る会』の終了後遅滞なく廃棄する取扱いとしていたものであり、内閣府は、この取扱いにのっとって、平成31年4月22日、紙媒体の招待者名簿を廃棄するため、大型シュレッダーの同年5月9日の使用を予約し、同日に予定どおりこれを廃棄したものであって、『明らかに政府が都合の悪い情報を意図的に隠蔽していると疑われても仕方がない』との御指摘は当たらない。」

しかし、大型シュレッダーの使用については、政府が提出した資料では、大型連休前でも1時間半程度の「隙間がある」うえに5月7、9日の午前には使われた記録がないのです（「野党が資料要求した1時間後に名簿細断開始　桜を見る会」朝日新聞２０１９年11月28日20時40分）。したがって、予約したのが４月22日だったというのは、真実だったのか疑問が生じます。

一方、真実だとすると、それは２０１９年４月16日付「東京新聞」の記事『桜を見る会』何のための会なのか…」が「招待者の氏名すら公表されないのだ」と報じ、「招待客の氏名」が「個人情報に当たる」として公表されない理由につき実際に「桜を見る会」に来ているのが「首相の私設応援団のよう」だからだと専修大学の岡田憲治教授（政治学）のコメントを掲載したので、内閣府・内閣官房は、野党がこの点を追及し始め、国民が招待者名簿を情報公開請求することをおそれ、同月22日までに廃棄を命じたからではないでしょうか。

バックアップデータがあったのに

また、コンピューター内に保存された招待者名簿の電磁的記録についても、5月9日頃に削除をしたと説明していましたが、同年12月2日の野党合同ヒアリングにおいて、電磁的記録の廃棄日について、内閣府担当者は、電磁的記録の廃棄を「5月7日から9日」に行ったと新たな説明をしました（宮本徹衆議院議員の『桜を見る会』の招待者名簿等廃棄問題に関する質問主意書」２０１９年12月４日）。

また、菅義偉官房長官も、12月３日午後の記者会見で、「桜を見る会」の招待者名簿を記録した電子データは「5月7日から9日の間に削除を行ったと思う」と説明しました（「菅長官　招待者名簿データ削除は『5月7〜9日の間』」朝日新聞２０１９年12月3日22時21分）。

ところが、12月3日の野党合同ヒアリングにおいて、内閣府担当者は、削除した電磁的記録につき最大8週間はバックアップデータとしてとってあると説明したのです。つまり、バックアップデータは6月下旬まであったのです。しかし、同年5月21日の衆議院財務金融委員会における宮本徹議員からの質問に対する回答の際、担当者は「廃棄した」とのみ述べ、バックアップデータとして招待者名簿が残っていることについて一切言及しなかったのです（「『桜を見る会』名簿データ　『破棄』と答弁時はバックアップが残存」毎日新聞２０１９年12月3日 21時29分）。

また、菅義偉官房長官は12月4日の記者会見で、「桜を見る会」の招待者名簿を内閣府が「破棄した」と答弁した5月21日（衆院財務金融委員会）の時点で、バックアップデータが「最大8週間、残っていた」と認めましたが、なんと、バックアップデータは「行政文書に当たらない」と強弁しました。同日の参議院消費者特別委員会で、社民党の福島瑞穂議員の質問に対し、内閣府の大塚幸寛官房長は、バックアップデータについて「一般職員が直接アクセスできないような形でのデータは行政文書には当たらない」と答弁したのです。福島議員が電子データの廃棄について正確な記録（ログ）の解析を求めたに対して、大塚官房長は「ログの解析などそれ以上の調査を行う必要はない」と開き直りました（「〝バックアップデータは行政文書に当たらない〟　菅官房長官やっき」しんぶん赤旗２０１９年12月5日、「バックアップデータは行政文書には該当しない」ＮＨＫ政治マガジン２０１９年12月5日）。

公用文書等毀棄罪（刑法第258条）

以上が真実であれば、宮本徹衆議院議員が5月9日の資料要求した時点で、政府がその要求に真摯に応じていれば、「桜を見る会」の招待者名簿及びその電磁的記録は廃棄されずに残っていたはずです。また、たとえ廃棄されていたとしてもバックアップにより復元していれば、宮本議員の要求に応えることができたはずです。

にもかかわらず、廃棄が強行され、データのバックアップ復元もされていなかったのですから、「桜を見る会」の招待者名簿及びその電磁的記録を毀棄した者は、「公用文書等毀棄罪」に問われるべきです。

刑法第258条は「公務所の用に供する文書又は電磁的記録を毀棄した者は、3月以上7年以下の懲役に処する」と定めています。「公務所の用に供する文書又は電磁的記録」（「公用文書」）とは、公務所がその事務処理上保管している文書又は電磁的記録を指します。「その作成者、作成の目的等にかかわりなく、公務所において現に使用し、又は使用に供する目的で保管している文書を総称する」と理解されています（最高裁1963年（昭和38年）12月24日判決）。また、現に公務所の用に供する文書であれば、偽造文書、未完成文書でもよく、私文書、公文書を問わず、また私人の所有に属する文書でもかまわないのです。

「桜を見る会」の招待者名簿は、2019年5月当時、「公務所の用に供する文書又は電磁的記録」でした。というのは、前述したように「各省庁への推薦依頼には、『原則として同一人が連続して招待を受けることのないよう配慮』することを記載しているものもある」のですから、次年度の招待者を定めるためにも、招待者名簿を会が終了わずか1カ月以内で廃棄すれば、業務の遂行が不可能となるのですから、次年度の招待者の招待状の発送がされるまでは明らかな利用が予定されていた行政文書だったのです。

また、２０１９年5月以降国会議員からの資料開示請求があり、公金の支出された行事として適正かどうかを検証するため国会議員から提出を求められたという具体的な使用目的も存在していましたので、「桜を見る会」の招待者名簿が公用文書であることは明白です。

大塚幸寛内閣府官房長は、保管期間が1年以内であることを理由に廃棄を正当化していますが、後述するように保存期間を1年未満に改訂された２０１９年10月28日までは、保存期間は3年又は1年の文書であり、国会議員が資料要求した２０１９年5月の時点で招待者名簿は「現に使用し、又は使用に供する目的で保管している公用文書」であることは明白です。

また、電磁的記録及び文書廃棄後にサーバー内に残存していたバックアップデータも、「その作成者、作成の目的等にかかわりなく、公務所において現に使用し、又は使用に供する目的で保管している文書を総称する」公用文書です。バックアップデータは、文書原本ないし電磁的記録が廃棄されたときのために、予備として一定期間保管するためのデータですから、「現に使用に供する目的で保管している公用文書」に該当します。国会議員が国政調査権を行使するため、資料の開示を請求した段階で、かりに5月9日以降同月21日の回答時点でも現に使用に供する目的があったのですから、公用文書であることは否定できません。

ですから、「桜を見る会」の招待者名簿および電磁的記録を廃棄した者は、刑法の公用文書等毀棄罪（第２５８条）に問われるべきなのです。

文書管理規則違反の廃棄

２０１９年12月5日野党合同ヒアリングが行われ、日本共産党の田村智子参院議員が内閣府に対して「桜を見る会」の案内状の発送に関して説明を求めた3日後の２０１９年10月28日に、招待者名簿などの行政文書の保存期間を定めた内閣府の文書管理規則が書き換えられていたことがわかりました。どのように書き換えられたのかと言えば、それまで保存期間が「1年未満」となる対象文書について「他の行事等の推薦」と明記されていたのを、「関係行政機関等に協力して行う行事等の案内の発送等」に書き換えられていたのです。ということは、書き換え前の記述では、「桜を見る会」の招待者名簿は「1年未満」文書に含まれていなかったことになります。そこで、廃棄答弁に合わせて、前述のように書き換えられたのでしょう。

ところが、内閣府の担当者は、書き換え前も「桜を見る会」の招待者名簿の保存期間は「1年未満」だったが、「わかりにくかったため、（改定によって）明確にさせてもらった」などと弁明し、２０１９年10月28日の書き換えは「（桜を見る会の招待者名簿にかかわる）記述だけを改正している」と強弁したのです（「『桜を見る会』名簿　与党ごまかし次々発覚　田村議員説明要求の3日後に書き換え　文書管理規則　野党ヒアリング」しんぶん赤旗２０１９年12月6日）

しかし、特定非営利活動法人「情報公開クリアリングハウス」の記事「〔Ｎｅｗｓ〕桜を見る会の名簿が1年未満の保存期間と明示されたのは２０１９年10月28日から　それ以前の1年未満で廃棄の根拠は不明確」（２０１９年11月15日）は、次のように指摘しています。

①内閣府大臣官房人事課の保存期間表ですが、２０１８年4月1日現在の保存期間表には、「関係行

政機関等に協力して行う行事等の案内の発送等」はありません。同じ欄には「他の行事等の推薦」と入っており、これの小分類として「平成○年桜を見る会」と示されています。この「他の行事等の推薦」の前の欄には、「園遊会、天皇誕生日当皇室行事の非招待者の推薦」「他の行事等の推薦」とあり、これは1年保存となっています。

②この保存期間表は改訂され、２０１９年10月28日から適用分として「他の行事等の推薦」がなくなり、「関係行政機関等に協力して行う行事等の案内の発送等」を1年未満保存とする保存期間区分が出てきます。

③したがって、「関係行政機関等に協力して行う行事等の案内の発送等」を根拠に1年未満の保存期間という説明は２０１９年10月28日以降には成り立ち得ますが、それ以前は明確な根拠が保存期間表には存在しないことになります。廃棄そのものが適法とする政府の説明は、根拠に欠く状態です。

また、内閣府行政文書管理規則（第23条４項）は、「総括文書管理者は・・・どのような類型の行政文書ファイル等についていつ廃棄したのかを記録し、当該期間終了後速やかに一括して公表するものとする。」と定めていますので、その定めに注目し、次のようにも指摘しています。

①内閣府において、２０１８年６月、９月と2回公表を行っていますが、いずれも「該当なし」とされており、保存期間表に明示のない1年未満保存期間による廃棄実績はないと公表されています。

②以上を踏まえると、「桜を見る会」の招待者名簿は、内閣府規則（第６条第６項第７号）に基づき1年未満保存期間として用済み後廃棄とされています（ただし、同号に基づく1年未満保存期間として位置づけられたのは２０１９年10月28日からですが、同号に基づかず1年未満保存期間で廃棄して

いたとすると)、そのことが公表されているべきですが、それも行っていないということになります。

③したがって、桜を見る会の招待者名簿を1年未満の保存期間とすることや廃棄したことの根拠が不明確であると言わざるを得ません。

この「情報公開クリアリングハウス」の記事に関連して、毎日新聞(「『桜』名簿、廃棄記録なし 管理指針に違反 13〜17年度」毎日新聞2019年12月30日」は、2013年度から2017年度まで5年間の「桜を見る会」招待者名簿や各省庁への招待者の推薦依頼文書の廃棄記録を内閣府が残しておらず、内閣府は文書廃棄時に行政文書ファイル名や廃棄日などを廃棄簿に記載することを義務づけている、政府のガイドラインに違反することを認めたと報道したのです(なお、2018年度以降は廃棄簿に記載する必要がないというのが内閣府の立場)。

この点につき、菅義偉官房長官は今年1月7日の記者会見で、「廃棄簿に記載がなかった」と認めました。しかし、記載がなくても関係者への聞き取りだけで廃棄は確認されているとの立場を繰り返し、名簿の再調査については言及を避けたのです(「菅長官、桜を見る会『名簿廃棄記録なし』認める 名簿の再調査には言及せず」毎日新聞2020年1月7日16時49分)。

さらに、問題が発覚しました。公文書管理法は、保存期間が1年以上の公文書について、名称や保存期間、保存期間が過ぎた後の取り扱いなどを「行政文書ファイル管理簿」に記載しなければならないと定めているにもかかわらず、菅義偉官房長官は1月9日の記者会見で「桜を見る会」の2013〜17年度の5年分の招待者名簿について、公文書管理法が義務づける行政文書の管理簿への記載を行っていなかったことを明らかにしたのです(「桜を見る会名簿5年分、管理簿に記載せず 法で義務づけ」

朝日新聞社　2020年1月9日20時15分)。

そしてついに、菅義偉官房長官は翌10日の閣議後の会見で、「桜を見る会」の2013～17年度の5年分の招待者名簿の取り扱いにつき、「公文書管理法の関連規定、内閣府の文書管理規則に違反する対応だったと考えている」と明言し、①管理簿への未記載、②名簿を廃棄した日などを書き入れる廃棄簿への未記載、③廃棄前に必要な首相の同意手続きがなかったこと、の3点を認めました。ところが、その理由については「事務的な記載漏れだった」と説明し「担当者に確認しているところだが、こうした問題への対応意識が少なかったのではないか」と担当職員の責任にしたのです(「『桜を見る会』名簿、廃棄記録なし　菅長官、違法認める」朝日新聞2020年1月10日 20時20分)。

さらにまた、菅官房長官は、2013年から17年にかけて「桜を見る会」の招待者名簿が行政文書管理簿に記載されず、違法状態だった理由について、「(平成)23年、24年においても、本来であれば管理簿に掲載すべきことを掲載せずに廃棄していた」と言い出しました。つまり、民主党政権時代の2011年から違法状態が続いていたと言い出し、「取り扱いが前例として漫然と引き継がれていた」と強弁したのです(「『桜を見る会』名簿〝違法状態〟『漫然と…』」TBS2020年1月14日14時14分)。

しかし、2011年も2012年も東日本大震災などを理由に「桜を見る会」の開催そのものが中止されたのです。それを理由にするのは不当な責任転嫁です。

内閣府人事課長経験者6名の「超大甘」処分とその理由

「桜を見る会」の招待者名簿、推薦者名簿の管理を巡り、内閣府は1月17日付で、人事課長経験者の内閣府審議官ら幹部計6人、このうち5人は11〜17年度に人事課長を務め、招待者名簿を政府の行政文書ファイル管理簿に記載するのを怠ったとして、また、昨2019年11月に参議院予算委員会に推薦者名簿を提出した際、推薦部局名を原本から削除し説明もしなかったとして人事課長も、厳重注意の矯正措置とする処分にしました（『桜』名簿管理巡り内閣府幹部6人を厳重注意処分　公文書管理法違反」毎日新聞2020年1月17日19時37分）。

この処分につき、元経済産業省官僚の古賀茂明氏は、懲戒処分ではなく「超大甘」の措置にすぎないと評しています。というのは、公務員の「処分」には、国家公務員法に規定された「懲戒処分」（免職、停職、減給、戒告）と省庁ごとの内規で定めている「措置」（訓告、厳重注意、注意など）の2種類があり、人事院の「義務違反防止ハンドブック」によれば、「厳重注意」は「処分」ではなく、職員に対する指導、監督上の「措置」に過ぎず、人事記録にも残らず、その次のボーナスで最高評価は得られないという程度の影響しかないからというのです（古賀茂明「『桜を見る会』で内閣府幹部〝処分〟はフェイク」AERA dot・2020年1月28日7時）。

なぜ「超大甘の措置」しかなされなかったかを考えると、二つの可能性がありそうです。第一の可能性は、そもそも名簿の廃棄はなされていないというもの。第二の可能性は、名簿の廃棄は実際なされたものの、それは安倍首相を助けるもので人事課長の忖度だった。あるいは、安倍首相側の廃棄要求に基づくものだったというものです。いずれにせよ、懲戒処分にすれば、処分に不服の職員が真実を公表しかねないからでしょう。

第４節　「桜を見る会」招待者・推薦者各名簿は公開すべき！

「政治枠」の名簿を除く推薦者名簿の黒塗り公開

野党の「首相主催『桜を見る会』追及チーム」が２０１９年11月18日に行った省庁へのヒアリングで、安倍晋三首相主催の「桜を見る会」参加者の推薦人名簿について、内閣官房担当者は、首相の推薦が含まれる部局（内閣官房内閣総務官室）だけが、文書保存期間を1年未満として破棄していたこと（一方、内閣府内の部局は1年以上の保存期間）を明らかにしました（「首相推薦人のみ破棄　合同ヒアリングで野党追及」しんぶん赤旗２０１９年11月19日）。

11月22日、各省庁では、「桜を見る会」の推薦者名簿は5年や10年などの保存期間が定められているため、政府は、省庁など23機関が２０１９年４月に開催された首相主催の「桜を見る会」招待者として推薦した３９５４人分の名簿（推薦者名簿）を参議院予算委員会の理事懇談会に提出しましたが、「首相枠」で推薦された約１０００人や「自民党枠」の約６０００人などの「政治枠」の名簿は廃棄済みとして公表されませんでした（「桜を見る会　各省推薦名簿を開示　民間人は黒塗り　内閣府『首相枠、自民党枠は廃棄済み』」毎日新聞２０１９年11月22日 21時37分）。

なぜ、各省庁推薦名簿は保存されているのに、「政治枠」の名簿は廃棄されたのか、まったく整合性がありません。政治的判断がなされた結果としか思えません。

私は招待者名簿と同様「政治枠」の推薦者名簿も廃棄されてはいないと思っています。というのは、「各省庁等担当者」に対する内閣府大臣官房人事課の文書「『桜を見る会』招待者の推薦について（依頼）」

には、「原則として同一人が連続して招待を受けることのないよう配慮願いします。」と明記されていたので、これが「政治枠」にも妥当するなら推薦名簿を廃棄したら「配慮」できないからです。

公表された推薦者名簿の人数の内訳は、外務省が各国の駐日大使などを含む891人、内閣府584人、文部科学省546人など。「公務員」「功績者」「特別」などに分類され、氏名と役職の記載

事　務　連　絡
平成31年1月25日

各省庁等担当者　殿

内閣府大臣官房人事課

「桜を見る会」招待者の推薦について（依頼）

内閣総理大臣主催の「桜を見る会」が4月13日（土）、新宿御苑において開催される予定ですので、別紙1の範囲内において2月8日（金）までに別紙2様式により招待者名簿を提出願います。

（別紙1）

財務省の推薦範囲及び人数

1　事務次官、外局の長
2　局長クラスの2分の1
ただし、当該省庁において局長以外で特に功労が認められる者を推薦する必要がある場合には、上記の枠内上限でできることとする。
3　各種審議会、委員会等の長
4　各界功績者
（1）推薦人数
96名
うち23名については、人目に付きにくい分野における功労者を推薦願います。
（2）人選方法
勲章（平成30年叙勲（春・秋）で中綬章以上の受章者を除く）、褒章を受章された者及び貴省庁において表彰された者。
上記以外の者で次のいずれかに該当する者。
① 災害の対応・被災者支援で貢献功労のあった者（特定非営利活動法人及びボランティア団体の者を含む）。
② 復興策等に関係する施策の企画に協力している者。
以上の者を含め民間人を優先させるとともに、推薦分野も偏らないよう幅広く選考し、更に、原則として同一人が連続して招待を受けることのないよう配慮願います。

（注1）大臣、副大臣、大臣政務官は、内閣府で招待状を作成いたしますので、各省庁からの推薦からは除いてください。
（注2）特殊法人の長、独立行政法人の長は、各界功績者に含めてください。
（注3）平成30年叙勲（春・秋）で中綬章以上の受章者は、内閣府で推薦いたしますので、各省庁からの推薦からは除いてください。
（注4）車椅子のご利用等で介添者が必要な場合には、各省庁等にてその確保をお願いします。

上脇が情報公開請求で得た「内閣府からの推薦依頼文書」

欄がありましたが、氏名や肩書は、「功績者」の大半が、「特別」の全てが、黒塗りされていました。

しかし、「公務員」以外の推薦者についても全て公表・公開すべきです。日本共産党の山添拓参議院議員は1月30日の参議院予算委員会で、内閣府が各省に同会招待者の名簿提出を依頼した事務連絡文書に、情報公開法に基づき「（名簿は）開示請求の対象とされたことがありますので、この点を念頭に置かれた上で推薦されますようお願いします」と記されていたこと、また、参院自民党が改選議員あてに、招待者の申し込みを案内した文書に「名簿全体を公開されることもあります」と記載されていることを示しました。同議員がその趣旨を内閣官房から首相官邸などに伝えたかをただしたところ大西証史内閣審議官は「事務的に伝えた」「総理、副総理、官房長官、副長官、それぞれの事務所に推薦依頼をしていますので、それは同様（伝えた）と考えています」と答弁しましたし、また、内閣府の大塚幸寛大臣官房長は、情報公開請求があった場合に「開示の

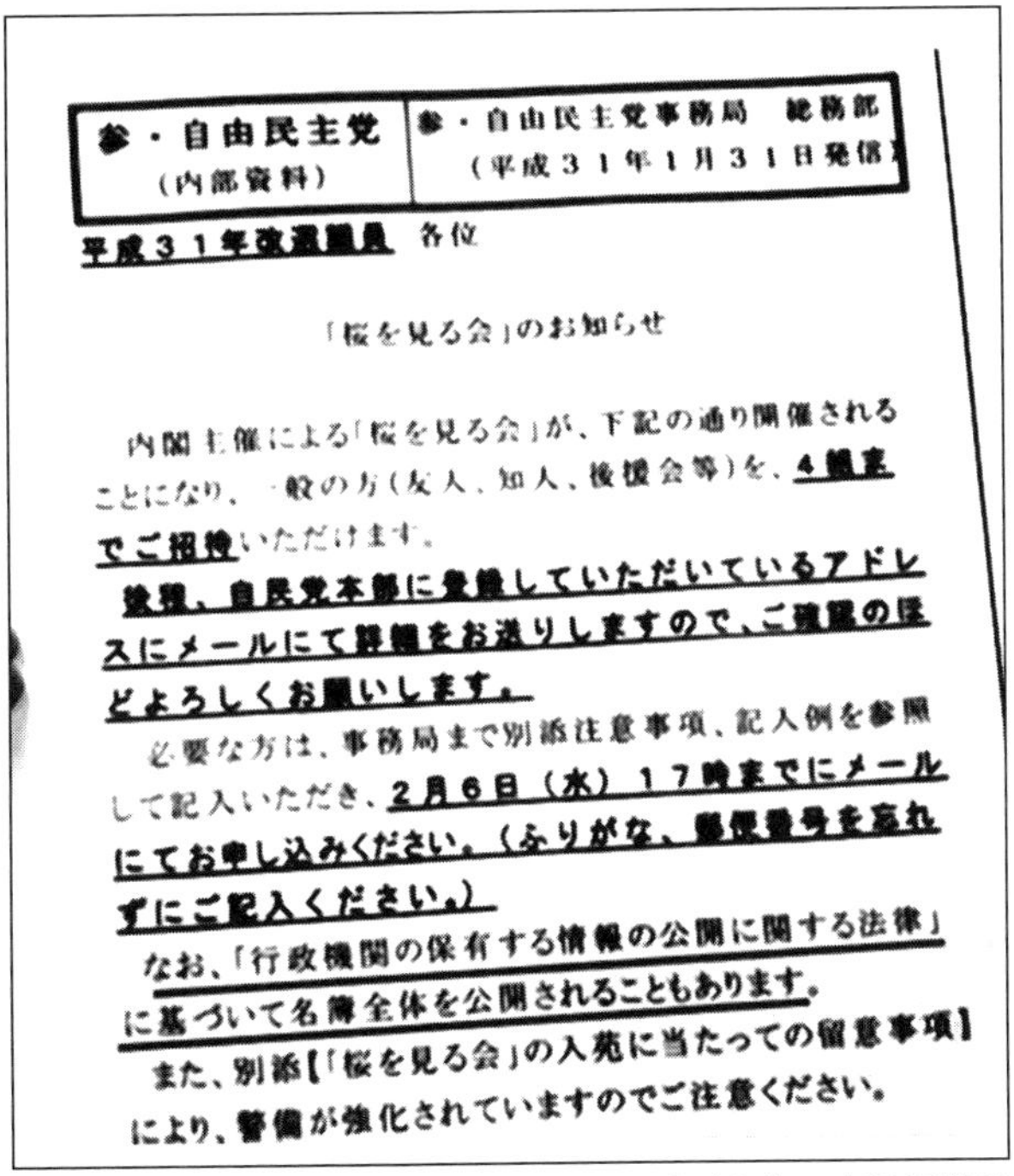

参・自由民主党（内部資料）	参・自由民主党事務局　総務部（平成３１年１月３１日発信）

平成３１年改選議員　各位

「桜を見る会」のお知らせ

内閣主催による「桜を見る会」が、下記の通り開催されることになり、一般の方（友人、知人、後援会等）を、４組までご招待いただけます。

後程、自民党本部に登録していただいているアドレスにメールにて詳細をお送りしますので、ご確認のほどよろしくお願いします。

必要な方は、事務局まで別添注意事項、記入例を参照して記入いただき、２月６日（水）１７時までにメールにてお申し込みください。（ふりがな、郵便番号を忘れずにご記入ください。）

なお、「行政機関の保有する情報の公開に関する法律」に基づいて名簿全体を公開されることもあります。

また、別添【「桜を見る会」の入苑に当たっての留意事項】により、警備が強化されていますのでご注意ください。

参院自民党が改選議員あてに案内した文書（出典：山添拓議員のユーチューブ動画）

対象になる場合もある」と認めました（「田村議員、山添議員『桜』追及　参院予算委」しんぶん赤旗２０２０年1月31日）。

１９５６年・57年「招待者名簿」は公開されている！

ところで、ＮＨＫの清永聡・解説委員の２０１９年11月27日付け「『桜を見る会』と公文書」（時論公論）によると、「桜を見る会」の以前の記録は、国立公文書館に残されており、この中には１９５４年から１９５７年にかけての「実施要領や予算などの公文書」が保存されており、少なくとも「関係する文書は３００枚ほど」あり、例えば、１９５５年当時の招待者は４４００人と現在の３分の１以下で、予算は当時30万円であったそうです。

さらに、この中には１９５６年と１９５７年の招待者名簿も、捨てられず保存されており、例えば１９５７年の名簿には、およそ１７５０人の肩書きと実名がすべて公開されており、黒塗りはなく、「政財界などの幹部」だけでなく、「民生委員や保護司の代表、引き揚げ者の団体の代表など、当時の日本の復興や社会を現場で支えた人たち」も含まれており、文字通り「各界で功績や功労があった人たち」が招かれていることが分かったそうです。このファイルは、保存期間が「永久」と明記されているというのです。

これによると、１９５６年と１９５７年の「桜を見る会」招待者名簿は肩書や実名が全て公開されているというのですから、推薦者名簿につき安倍政権が個人情報を理由に黒塗りするのが当然ということにはならないでしょう。むしろ、公金により「各界で功績や功労があった人たち」が招待されているのですから当然肩書や実名が公表されるべきですし、招待者は「各界で功績や功労があった人たち」である以上、招待者が個人情報を理由に非公開を要求するとは思えません。また、安倍政権では、例えば、大勢のタレントが招待されており、タレントであるがゆえに、むしろ肩書と実名の公表を要望するでしょう。非公表を要求するはずがありません。

復元できる！

ところで、「桜を見る会」の招待者名簿の削除されたデータは復元できるのか、という論点もあります。これにつき、安倍首相は12月2日の参議院本会議で、「内閣府が採用しているシステムは個々の端末ではなくサーバーでデータ保存するシンクライアント方式で、端末にデータは保存されていない。サーバーのデータを廃棄後、バックアップデータの保管期間をおいた後は、復元は不可能との報告を受けている」と答弁したのです（「シンクライアントが話題に　桜を見る会名簿、復元無理？」朝日新聞２０１９年12月3日21時07分）。

しかし、情報セキュリティーコンサルタントの増田和紀氏は、「そんなばかなことはありえません。シンクライアント方式だからこそ、データは『端末』ではなく、確実にサーバーに保存され、バックアップ（予備データの保存）や作業記録も確実に残っているはずです」などと説明し、安倍首相の弁明を否定しています（「『桜』名簿データ　『復元不可能』本当か　情報セキュリティーコンサルタント　増田和紀氏に聞く」しんぶん赤旗２０１９年12月5日）。

したがって、安倍政権は、説明責任を果たすために、復元した招待者名簿や招待者名簿を一刻も早く国会と国民に公開すべきです。その際には、招待者の氏名などは公表すべきです。

「廃棄」答弁に合わせた改竄か!?

内閣府はすでに紹介したように昨2019年11月22日「桜を見る会」の各省庁の推薦者名簿を公表しましたが、その際に、推薦部局名が「内閣官房内閣総務官室総理大臣官邸事務所」などと記載されていた推薦者名簿の1人分について、提出前日の21日に人事課長と課長級参事の判断で、部局名の記載を消去加工して、参議院予算委理事懇談会に提出していたことが判明しました。加工した理由については、最終的な推薦部局と名簿記載の部局が異なる記載だったため、と説明しました。

しかし、政府は、昨年11月20日の衆議院内閣委員会で、内閣総務官室の推薦者名簿は「残っていない」と答弁しており、答弁に合わせて加工した可能性がありそうで、立憲民主党の蓮舫・野党筆頭理事は「常識的に考えたら、答弁が虚偽だったことが明らかになるから消したとしか思えない」と批判したのです（「桜を見る会推薦者名簿『国会提出前日に加工』　内閣府が陳謝　参院予算委理事懇」毎日新聞2020年1月16日 14時34分）。

この点につき、野党の合同追及本部は1月16日も政府側にヒアリングを行ったところ、内閣官房の総理大臣官邸事務所が推薦したのは、1人で、推薦した名簿を総理大臣官邸事務所の部局名で提出すればよかったが、それをあえて消した理由は、官邸事務所が「官邸事務所ではなくて、内閣府人事課で（推薦を）提出してくれ」と（内閣府人事課に）依頼し、（内閣府人事課は）それを受けたのに、本来の「官邸事務所」という部局名をそのまま残してしまい、「実際に推薦したのは内閣府人事課だから不適切だ」と、人事課長と参事官のたった2人の判断で白塗りにしたと説明したというのです（「桜を見る会　名簿白塗り問題『知っている者同士、頼み頼まれ…』と内閣府　野党ヒアリング詳報」毎日新聞2020年1月16日 22時54分）。

政府の消去加工理由が真実かどうかを確認するためにも、推薦者の氏名を公表すべきです。そうすれば、官邸事務所が推薦するのではなくて内閣府人事課で推薦するべきだったというのが本当だったのかどうかがわかり、消去加工が改竄だったのかどうかも判明するかもしれません。

第4章 「安倍晋三後援会」主催「前夜祭」とその収支不記載問題

第1節 安倍事務所では「桜を見る会」「前夜祭」が一体の事業

本章では、政治団体である「安倍晋三後援会」が主催する「前夜祭」の問題を取り上げますが、その問題を理解するうえで重要な事実の一つである、安倍晋三衆議院議員（首相）の政治団体について確認しておきましょう。

安倍首相の政治団体（2017年）

一般に、自民党の国会議員の政治団体としては、自ら代表を務める政党支部と資金管理団体があります。「資金管理団体」とは、「公職の候補者が自己のために政治資金の拠出を受けるべき政治団体として指定した政治団体」です（第19条第1項）。それら以外にも議員本人が代表になっている政治団体、本人が形式的には代表ではないものの実質的にはそうである政治団体を有している者が多いので、注意を要します。

2017年分の各政治資金収支報告書を確認したところ、安倍議員（首相）の場合も同じで、政党支部の「自民党山口県第四選挙区支部」、資金管理団体の「晋和会」のほか、「安倍晋三後援会」、「山口晋友会」、「山口政経研究会」、「東京政経研究会」、計六つが存在するようです。その全てが、「国会議員関係政治団体」です。「国会議員関係政治団体」とは、政治資金規正法によると、「衆議院議員又は参議院議員に係る公職の候補者が代表者である政治団体」などと定義され、「政党の支部で……衆議院議員又は参議院議員に係る公職の候補者が代表者であるもの」も、「国会議員関係政治団体」とされています（第19条の7第1項・第2項）。

「晋和会」の「主たる事務所」は東京の「衆議院第一議員会館」にあり、それ以外の五つの政治団体の「主たる事務所」は全て同じ下関市内の所在地・住所で、電話番号はすべて同じです。

「自民党山口県第四選挙区支部」と「晋和会」の代表は、安倍議員ですが、ほかの四つの政治団体は安倍議員以外の人物です。そのうち三つは、代表と事務担当者はそれぞれ同じ人物であり、「自民党山口県第四選挙区支部」とは、代表者を除き、それぞれ共通しています。

党費または会費を支払った者は、「自民党山口県第四選挙区支部」だけであり、それ以外の五つの政治団体は、その結果、会費収入は0円です（そのうち、「山口政経研究会」は、収入も支出も0円であり、休眠団体です）。「前夜祭」の主催者である「安倍晋三後援会」には会費を支払っている会員は一人もいないのです。おそらく「自民党山口県第四選挙区支部」の党員がそのまま「安倍晋三後援会」の会員として位置づけられているのでしょう。

「後援会」と言えば、勝手連の政治団体を思い浮かべる人も少なくないでしょうが、国会議員らの場合、そのようなものは多くはなく、むしろ、国会議員主導でつくられた後援会が多いのです。「安倍晋三後援会」の場合も同様で、代表者は名目的には安倍議員（首相）ではないものの、実質的な代表者は安倍議員（首相）のようです。

２０１３年から２０１７年までの政治資金の収入をみると、自民党本部から政党交付金（税金）を受け取っている「自民党山口県第四選挙区支部」に政治資金が集中しており、同支部は、収益率が高く、かつ高額な政治資金パーティー収入のある資金管理団体「晋和会」からも多額の寄付を受け取っています。

また、明細の記載義務の一切ない「人件費」も、政治資金の豊富な「自民党山口県第4選挙区支部」と「晋和会」から支出されています。

したがって、「自民党山口県第四選挙区支部」と「安倍晋三後援会」等の四つの政治団体とは完全に独立してはおらず、事実上一体であると言っても過言ではありません。

安倍事務所では「桜を見る会」と「前夜祭」は一体の事業

山口県内の安倍事務所は安倍首相主催の公的な行事である「桜を見る会」と「安倍晋三後援会」主催の私的な事業である「前夜祭」を一体の事業として後援者らに対し案内状を送付していました。また、「桜を見る会」前日の朝に地元山口を出発する時点から、東京に到着して観光コースを回り、夕方の「前夜祭」、翌日の「桜を見る会」の送迎、その終了後に帰路につくまでの2日間の行程を、安倍事務所が全面的にお世話していたのです。

この点を暴露したのが2019年10月13日付「しんぶん赤旗日曜版」であり、次のように安倍首相の地元の山口県下関市の複数の後援会関係者らの証言を紹介しました。

・安倍事務所からの案内

「安倍事務所から封筒などで、参加確認の案内が届いた」（地元後援者）

これまでの「前夜祭」（懇親会・夕食会）

開催年月日	名　称	会　場
2013年4月19日	安倍晋三後援会の懇親会	ANA インターコンチネンタルホテル東京（宴会場）
2014年4月11日	安倍晋三桜を見る会懇親会	ANA インターコンチネンタルホテル東京（宴会場「プロミネンス」）
2015年4月17日	安倍晋三後援会桜を見る会前夜祭	ホテルニューオータニ（宴会場「鳳凰の間」）
2016年4月8日	桜を見る会安倍晋三後援会懇親会	ANA インターコンチネンタルホテル東京（宴会場「ギャラクシー」）
2017年4月14日	安倍晋三後援会桜を見る会前夜祭	ホテルニューオータニ（宴会場「鳳凰の間」）
2018年4月20日	安倍晋三後援会桜を見る会前夜祭	ホテルニューオータニ（宴会場「鳳凰の間」）
2019年4月12日	安倍晋三後援会桜を見る会前夜祭	ホテルニューオータニ（宴会場「鶴の間」）

「下関の安倍事務所から参加確認があり、希望すれば、内閣府から招待状が送られてくる。」

「2月ごろ、下関市の安倍事務所から〝桜を見る会に行きませんか〟と案内が来た。名前や住所などの必要事項を紙に書いて安倍事務所に送り返すと、内閣府から桜を見る会の招待状が届いた。安倍政権になってから毎年参加している、下関からは毎年数百人が上京する。」

・「桜を見る会」前日

「桜を見る会の前日の朝、宇部空港に集合し、安倍事務所が手配した飛行機で上京した。」

「東京都内を刊行するツアーが2～3コース組まれ、羽田空港に到着すると貸し切りバスで東京スカイツリーなどを見学した。」

「安倍事務所が飛行機やホテル、貸し切りのバスを手配し、旅費は自分持ちだ。都内観光や前夜祭などの後援会旅行の目玉行事が桜を見る会だ。」（後援会関係者の証言）

「後援会女性部の7名の会員の方と同行」。「前日の早朝の飛行機で上京して、貸し切りバスで東京スカイツリーや築地市場など都内観光をしました」（下関市選出の友田有・山口県議会議員はブログで「安倍首相主催『桜を見る会』へ」2014年5月1日）。

・「桜を見る会」当日

「集合場所のホテルニューオータニから大型バスで会場の新宿御苑に行きました。私が乗ったのは十数台目。号車や時間は安倍事務所の指定でした。バスは17台と聞きました」（山口県在住の女性）

「新宿御苑で一般招待者は並んで手荷物検査がある。しかし〝下関組〟はバスの駐車場がある〝裏口〟から入るのが恒例だ」（下関市の自民党関係者の証言）

「到着すると、安倍事務所の秘書らがバスの座席を回って、入場のための受付表を回収する。その秘書が受付を済ませ、参加者用のリボンを配る。まとめてのチェックインで手荷物検査はなかった。」（後援会員男性の証言）

「同行した家族が『芸能人と会えて、いい思い出になった』と喜んでいた。後援会旅行みたいなもので、桜を見る会はその目玉行事だった」「和菓子やタケノコご飯をお土産にもらった。大きな袋いっぱい詰め込んでいる人もいた」

「桜を見る会には毎年参加している。地元の後援会員が数百人規模で上京し、みんなで首相と記念写真をとっている。安倍事務所の恒例行事だよ」（後援会関係者の証言）

「13年は100人ほどだったが最近は数百人規模になった。」（参加者証言）

安倍首相の動静

以上の点は、安倍首相の「動静」報道からも明らかで、安倍首相にとっても「前夜祭」と「桜を見る会」はワンセットでした。決して「前夜祭」が安倍議員・首相抜きに行われたわけではなく、むしろ、安倍議員・首相は参加者全員を前に挨拶をし、参加者と写真撮影していたのですから、安倍議員・首相を主人公にして開催されていたのです。

安倍後援会員（党員）拡大に利用

「桜を見る会」の推薦（招待）には「与党議員推薦（招待）枠」があり、自民党の党員獲得に利用された可能性が高いことは、すでに指摘しました。安倍自民党総裁の場合も同様でした。党費または会費を支払っている会員があるのは、政党支部「自民党山口県第四選挙区支部」だけでした。

その党員数について過去に遡って入手できた２０１１年以降２０１７年までの政治資金収支報告書で確認すると、党費支払者数は２０１１年の１６２４人から２０１７年の２２３９人へと６１５人増えています。ただ、２０１１年は自民党が野党時代です。２０１２年のほとんども野党時代です。党費支払者は、２０１１年の１６２４人から１１７３人へと４５１人減らしています。

党費支払者数を２０１２年と２０１７年とで比較すると、２０１２年の１１７３人から１０６６人増えていました。もっとも、党費支払者数が最大なのは、２０１５年の２６７４人です。これを２０１２年と比較すると、１５０１人増えた計算になります。

党費支払者数の増減には不自然さがありますが、いずれにせよ、安倍自民党総裁は、自らが首相として主催した「桜を見る会」を利用して党員を増やした可能性が高そうです。

野党でつくる「総理主催『桜を見る会』追及本部」視察団が12月1日、首相の地元・山口県下関市に調査に入り、「会」参加者や地元議員らから終日、聞き取りをしたところ、地元自治体の議員らが「安倍首相の後援会員に誘われて、会員でない人が参加するケースは普通にある」などと証言し、また、「追及本部」側から『桜を見る会』が、首相後援会の拡大の手段にもなっているのでは」と尋ねられると、地元議員が「そう思っている」と応じました（「後援会拡大の手段にも『桜』野党調査　首相地元議員『そう思う』」しんぶん赤旗2019年12月2日）。

第2節　政治資金規正法違反（政治資金収支報告書不記載）

収支の記載を義務づけている政治資金規正法

政治資金規正法とは、「議会制民主政治の下における政党その他の政治団体の機能の重要性及び公職の候補者の責務の重要性にかんがみ、政治団体及び公職の候補者により行われる政治活動が国民の不断の監視と批判の下に行われるようにするため、政治団体の届出、政治団体に係る政治資金の収支の公開並びに政治団体及び公職の候補者に係る政治資金の授受の規正その他の措置を講ずることにより、政治活動の公明と公正を確保し、もつて民主政治の健全な発達に寄与すること」を「目的」としている法律です（第1条）。「政治団体」には、「その責任を自覚し、その政治資金の収受に当たつては、いやしくも国民の疑惑を招くことのないように、この法律に基づいて公明正大に行わなければならない」

と要求しています（第2条第2項）。

そして、同法は、「政治団体」に対し、政治団体としての届け出を総務大臣または都道府県選挙管理員化に行うよう義務づけ（第6条第1項）、この届出がされた後でなければ、「政治活動（選挙運動を含む。）のために、いかなる名義をもつてするを問わず、寄附を受け、又は支出をすることができない」と定めているのです（第8条）。

また、同法は、「政治団体の会計責任者」に対し、「会計帳簿を備え」、すべての収入と支出（収支）について会計帳簿に記載することを義務づけ（第9条第1項）、政治資金の収支を記載する報告書（政治資金収支報告書）を作成し、総務大臣または都道府県選挙管理員会に提出するよう義務づけてもいるのです（第12条第1項）。

したがって、例えば、政治団体の「事業による収入」については「その事業の種類及び当該種類ごとの金額」を、支出のうち「一件当たりの金額（数回にわたつてされたときは、その合計金額）が5万円以上の」「経費の支出」については「その支出を受けた者の氏名及び住所並びに当該支出の目的、金額及び年月日」を、それぞれ政治資金収支報告書に記載しなければなりません。

なお、政治団体が「衆議院議員又は参議院議員に係る公職の候補者が代表者である政治団体」など、いわゆる「国会議員関係政治団体」（第19条の7第1項・第2項）である場合は、前記「5万円以上の経費の支出」は「1万円を超える経費の支出」とされ、より透明度を要求しているのです（第19条の10）。

以上によると、例えば、国会員関係政治団体がパーティーなど何らかの事業を開催した場合、その収入については、「その事業の種類及び当該種類ごとの金額」を政治資金収支報告書に記載しなければなりませんし、その事業の支出については、「一件当たりの金額が1万円を超える経費の支出」については「その支出を受けた者の氏名及び住所並びに当該支出の目的、金額及び年月日」を政治資金収支報告書に記載しなければならないのです。

政治資金規正法は、「報告書又はこれに併せて提出すべき書面の提出をしなかつた者」「報告書又はこれに併せて提出すべき書面に記載すべき事項の記載をしなかつた者」「報告書又はこれに併せて提出すべき書面に虚偽の記入をした者」らを、「5年以下の禁錮又は100万円以下の罰金に処する」と定めています（第25条第1項）し、それらにおいて、「重大な過失」により、それらの「罪を犯した者」も「処罰する」（ただし、裁判所は、情状により、その刑を減軽することができる）と定め（第27条第2項）、また、「政治団体の代表者が当該政治団体の会計責任者の選任及び監督について相当の注意を怠つたときは、50万円以下の罰金に処する」と定めてもいるのです（第25条第2項）。

「桜を見る会」「前夜祭」の案内に要した支出

2019年10月13日付「しんぶん赤旗日曜版」は、下関市選出の友田有・山口県議会議員のブログ「安倍首相主催『桜を見る会』へ」（2014年5月1日）が、「前夜祭」につき「夜には（中略）下関市・長門市そして山口県内外からの招待者約400人による安倍首相夫婦を囲んだ盛大なパーティーが開かれました」と書いていたこと、また、「前夜祭は立食式で、パーティーのようなもの。安倍首相や後援会幹部があいさつし、首相が選挙の話をすることもあった」との後援会員の証言を紹介し、複数の参加者が「5000円の会費を払った」と証言したことを、それぞれ紹介しました。

また、２０１９年の「前夜祭」に出演した歌手はブログで「１０００人ほどのお客様」と書いていることも紹介していました。

さらに、ＮＨＫの取材に対し、２０１９年の「前夜祭（懇親会）」に出席した女性は「８５０人ぐらいが出席していた」と証言しています（「『桜を見る会』安倍首相の国会答弁と食い違う証言」２０１９年11月14日20時02分）。安倍首相は11月18日午前、「前夜祭（夕食会）」の参加者数を「約８００人」と記者団に話しました（「桜を見る会、夕食会費の明細『ない』　８００人が参加―安倍首相」時事通信２０１９年11月18日11時50分）。

一方、安倍晋三首相は11月15日夕、首相官邸で記者団の取材に応じ、４月の「桜を見る会」前日に行われた自身の「安倍晋三後援会」の「前夜祭（夕食会）などについて「事務所からですね、詳細について今日報告を受けました。……、同夕食会を含めて、旅費、宿泊費等の全ての費用は参加者の自己負担で支払われております。安倍事務所なり、安倍晋三後援会としての収入、支出は一切ございません。このことを改めて確認いたしました」「旅費、宿泊費につきましては各参加者がそれぞれの旅行代理店に支払いをしました」と弁明しました（「桜を見る会　安倍首相の説明詳報（１）『費用は参加者の自己負担』」産経新聞２０１９年11月15日19時17分）。

また、安倍首相は11月18日午前、「前夜祭（夕食会）」の会費などを示す明細書について、「そうしたものはない」し、「前夜祭（夕食会）」の会費や参加者の旅費、宿泊費は「安倍事務所にも後援会にも入金はないので、領収書を発行してもいない」と記者団に強調しました（「桜を見る会、夕食会費の明細『ない』　８００人が参加―安倍首相」時事通信２０１９年11月18日11時50分）。

さらに、11月20日の参議院本会議でも安倍首相は、「前夜祭」について、「主催者は安倍晋三後援会で、各種段取りは私の事務所の職員が会場であるホテル側と相談している」と認めたものの、「その過程においてホテル側から見積書等の発行はなかった」「ホテル側への事前の支払いは行っていない」と答弁しました（「桜を見る会私物化　首相疑惑いっそう」しんぶん赤旗2019年11月21日）。

確かに、「桜を見る会」「前夜祭」の参加者の旅費・交通費と宿泊費については、山口県下関市内安倍事務所の案内通り、参加者が旅行代理店に支払いをしているのでしょう。

しかし、安倍首相は「桜を見る会」と「前夜祭」に800人以上が参加したことを認めています。この大きな事業につき「しんぶん赤旗日曜版」（2019年10月13日）は「安倍事務所から封筒などで、参加確認の案内が届いた」と地元後援者の証言を紹介しています。「安倍晋三後援会」の実質的な会員は前述したように自民党山口県第4選挙区支部」の党員数の2000人前後です（2013年2375人、14年1758人、15年2674人、16年1873人、17年2239人）。安倍事務所はこれらの方々に対し案内状を送付したわけです。したがって送付代など何らかの経費の支出が発生したはずです。

にもかかわらず、「安倍晋三後援会」の政治資金収支報告書の支出欄には、一つ又は二つの事業としてまとめて諸経費の明細が記載されるべきですが、そのような記載はありません。この点は、他の五つの政治団体の収支報告書においても同様で、その旨の支出の記載はありません。

政党支部の「旅費」支出記載

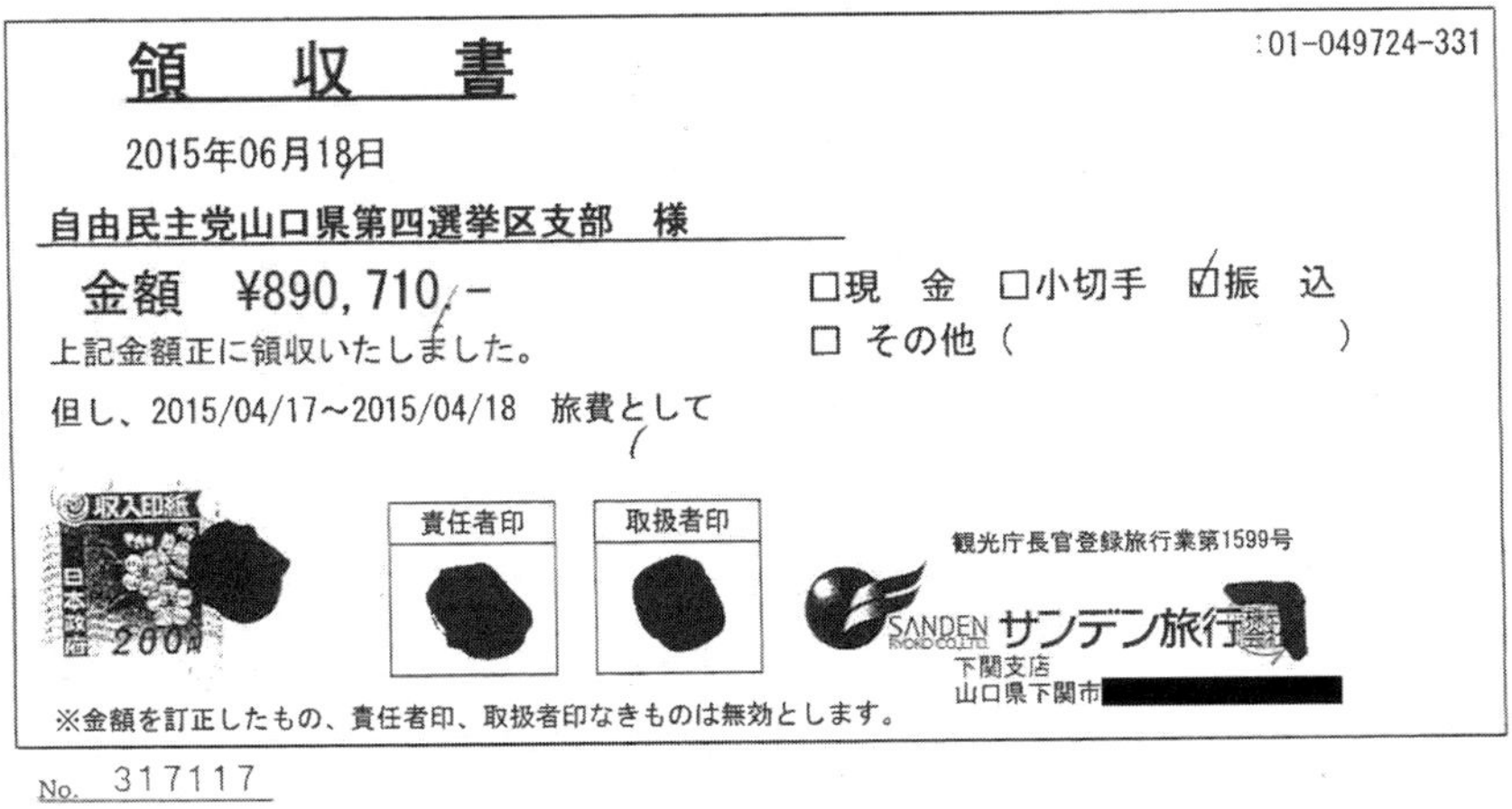

領　収　書

:01-049724-331

2015年06月18日

自由民主党山口県第四選挙区支部　様

金額　¥890,710.-

上記金額正に領収いたしました。

但し、2015/04/17～2015/04/18　旅費として

□現　金　□小切手　☑振　込
□　その他（　　　　　　）

収入印紙　日本政府　200

責任者印　取扱者印

観光庁長官登録旅行業第1599号
SANDEN RYOKO CO.,LTD.　サンデン旅行
下関支店
山口県下関市[redacted]

※金額を訂正したもの、責任者印、取扱者印なきものは無効とします。

No.　317117

出典：https://bunshun.jp/articles/photo/15834?pn=2

ところで、「週刊文春」が入手した1枚の領収書にはこう明記されていました。

〈¥890710　但し、2015／04／17〜2015／04／18　旅費として〉

これは、安倍首相が代表の「自民党山口県第四選挙区支部」の政治資金収支報告書に添付された領収書で、同支部が約89万円を「サンデン旅行」（山口県下関市）に支出したことを示しています。サンデン旅行は安倍事務所と協力して「桜を見る会」ツアーを組んだ旅行会社であり、但し書きに記載された日付は、2015年の「桜を見る会」および「前夜祭」が行われた日付と符合していました。ツアー参加者らの証言からは、参加者の接待のために地元事務所の秘書やスタッフがこぞって上京していたことが判明しており、この「89万710円」は、彼らが上京する際の旅費だったのでしょう。「サンデン旅行」の役員は「（旅費は）事務所の方が出張で飛行機に乗ったもの。宿泊費は入っていません」と答えたというのです（「週刊文春」2019年12月5日号）。

この旅費支出は、2015年以外の年も同様に行われていることでしょう。

以上の領収書は、安倍事務所が「桜を見る会」と「前夜祭」を一体の事業としてだけではなく政治活動の一環としても取り組んでいたことを示す証拠の一つになります。

一方、不可解に思えてしまうことがあります。それは、この支出の記載があったのが「自民党山口県第四選挙区支部」の政治資金収支報告書であったこと、また、「桜を見る会」と「前夜祭」という一体の事業の支出として他の関係支出と一緒に1枚の支出欄を使って政治資金収支報告書に記載されてはいなかったことです。

そもそも安倍事務所が「桜を見る会」と「前夜祭」が一体として取り組んだ事業だったことは安倍事務所の内部文書（支援者への案内状）でも明らかになっているうえに、安倍首相は参議院本会議の答弁で「前夜祭（夕食会）」の主催者が「安倍晋三後援会」であることを認めているです（「首相の会費も焦点？　桜を見る会前の夕食会、識者が指摘」朝日新聞2019年11月20日23時37分）から、前述の「旅費」の記載は、「安倍晋三後援会」の政治資金収支報告書に、「桜を見る会」と「前夜祭」という一体の事業の支出として他の関係支出と一緒に1枚の支出欄を使って政治資金収支報告書に記載されるべきなのです。

いずれにせよ、安倍事務所は真実を隠蔽しようとしたことに間違いはないようです。

「前夜祭」の前払いの記載もなし

「前夜祭（夕食会）」の会場となったホテルに対しては会場の予約時に前払いをしていたことでしょ

う。「桜を見る会」の前夜に「安倍晋三後援会」が主催した4回（2015年、2017年、2018年、2019年）の「前夜祭」は、「ホテルニューオータニ」で開催され、それ以外の年（2013年、2014年、2016年）は「ANAインターコンチネンタルホテル東京」で開催されました。いずれも高級ホテルです。

NHKが都内の別の五つの高級ホテルに、数百人規模のパーティーの代金を参加者個人がホテル側に支払うことはあるのか尋ねたところ、五つのホテルはいずれも「原則として代金は主催者からまとめて支払いを受けます」と回答しました。そのうち、「帝国ホテル」は「ホテルが主催するパーティーの場合は参加者個人が代金を支払うことができますが、それ以外は主催者にまとめて支払っていただきます」と説明し、また、「オークラ東京」は「パーティーの代金は計算ミスなどのトラブルを防ぐため必ず主催者側に総額の明細書を発行し、まとめて支払いを受けます」と説明したそうです（「桜を見る会 前夜祭問題 明細書は誰に ホテル各社に聞いてみた」2019年11月19日 18時05分）。

また、NHKは、過去に懇親会が開かれていた都内の二つのホテルに取材したところ、いずれも個別のケースについては答えられないとしましたが、「ANAインターコンチネンタルホテル東京」は「パーティーの代金は原則として出席者から個別に受け取ることはなく主催者や代表者から一括で受け取る」と説明したそうですし、また、2019年4月の懇親会に出席した山口県内の地方議員は「5000円の会費は会場の部屋の前に設けられた受付でホテルの従業員ではなく安倍総理大臣の事務所の関係者に支払ったと思う。このような会合でホテル関係者に会費を支払うということはありえない」と証言したそうです。

ただ、「ホテルニューオータニ」は「代金を個別に受け取るか一括かはケースバイケースで相談次第だ」と回答したそうです（「『桜を見る会』安倍首相の国会答弁と食い違う証言」ＮＨＫ11月14日20時02分）。しかし、「ホテルニューオータニ」が２０１０年10月に定めた「宴会・催事規約」には、「前受金の取り決めがあり、そこでは「ホテルから提示いたしました見積総額を、原則として宴会場ご利用日の30日前迄（まで）に現金又はお振込みにてお支払いいただきます」と明記していました。実際に、前夜祭と同時期の２０１５年10月に９００人規模でレセプションを同ホテルで開いた都内の事業所も、前払いを求められ、事前に参加者数を見積もっていたものの、当日は飲み物代が予想をオーバーし、後日、ホテルから追加で請求されましたといいます（「『前夜祭』会場のホテル　規約は原則〝前払い〟〝払ってない〟　首相と矛盾」しんぶん赤旗２０１９年11月19日）。

「安倍晋三後援会」など六つの政治団体のいずれの政治資金収支報告書（２０１３年分～２０１９年分）にも、その前払いの支出の記載もありません。

また、「前夜祭」参加者は主催者である「安倍晋三後援会」に一人５０００円の会費を支払っているはずです。安倍事務所の２０１９年「懇親夕食会」の案内状では、会費につき「当日会場入口にてお支払いください」と明記されているからです。ホテルに支払うよう明記されてはいませんし、参加者が勘違いしてホテル側に支払おうとしても、ホテル側は安倍事務所（「安倍晋三後援会」）に支払うよう促すでしょう。参加者はホテルに対し参加の予約をしてはいませんので、ホテルに支払う義務もありません。ホテルも参加の予約をしていない参加者から参加費を徴収する権利もありません。参加費を徴収する権利があるのは「安倍晋三後援会」です。したがって、「安倍晋三後援会」は参加者から一人

5000円を徴収したはずです。

しかし、「安倍晋三後援会」の政治資金収支報告書（2013年分～2019年分）には、その収入総額の記載が一切ありません。

安倍首相の自白

安倍首相は、「夕食会費用につきましては、夕食会場の入り口の受付にて安倍事務所職員が1人5千円を集金をし、ホテル名義の領収書をその場で手交し、受け付け終了後に集金した全ての現金をその場でホテル側に渡すという形で参加者からホテル側への支払いがなされた、ということであります」とも弁明しました（「桜を見る会　安倍首相の説明詳報（1）『費用は参加者の自己負担』」産経新聞2019年11月15日19時17分）。

しかし、これは墓穴を掘った自白の弁明です。この弁明では、各参加者が支払ったのはホテルに対してではなく、安倍事務所に支払ったことになります。支払いを受けていないホテルが領収書を発行するわけがありません。NHKが都内の高級ホテルに、パーティー代金の支払いが終わる前にホテル側が参加者に領収書を発行することはあるのか聞いたところ、五つのホテルとも「ありません」と答え、そのうち「ANAインターコンチネンタルホテル東京」は「参加人数が分からない段階で領収書を発行することは通常、ありません」と回答し、また、「オークラ東京」は「領収書はパーティーが終了し、明細書とのそごがないことを確認してから発行します。金額が確定していない段階で領収書を出すのは経理の原則としてありえません」と説明したそうです（「桜を見る会 前夜祭問題 明細書は誰に ホテル各社に聞いてみた」２０１９年11月19日 18時05分）。

万が一、安倍事務所が各参加者から５０００円の支払いを受け取っていながら、仮にホテルの領収書を出したのが真実であれば、それはおそらく偽装工作でしょう。

なお、12月19日に国会内で開かれた野党「桜を見る会」追及本部のヒアリングで、安倍晋三首相の地元・山口県下関市の田辺よし子市議（無所属）は、「ホテルニューオータニとはっきり記載された領収書は誰も見ていない。５０００円払った人は、会場の入り口のあたりに集める人がいて、その人に渡したと聞いています」と発言しました（「〝会費払ってない人も〟『桜』前夜祭で下関市議報告　安倍首相説明と食い違い　野党ヒアリング」しんぶん赤旗２０１９年12月21日）。

歌手からの寄付も不記載

会費収入とは別の収入の記載もありません。２０１９年の「前夜祭（夕食会）」は4月12日に開催されましたが、歌手のケイ潤子さんによると、3月に知人で首相の後援会員の男性から「歌っていただけますか」と打診があった。「ギャラはないですけど、大丈夫でしょうか」という問い合わせもあったといい、「大丈夫です」と了承。当日は開宴までの約20分間、シャンソンやオリジナル曲など6曲を歌ったが、出演料や車代など事務所側との金銭のやり取りはなかったというのです（「桜を見る会『前夜祭』出演の歌手『ギャラはない』」朝日新聞２０１９年11月19日06時30分）。

この証言が真実であれば、安倍晋三後援会は、歌手のケイ潤子さんから政治資金規正法上の寄付を受領したことになります。政治資金規正法によると「寄附」とは「金銭、物品その他の財産上の利益の供与又は交付」で、「党費又は会費その他債務の履行としてされるもの以外のもの」をいうと定義されています（第4条第3項）。ケイ潤子さんが6曲も歌ったということは、通常ならコンサートの料金を支払って聞くしかないからです。ケイさんがそれを無料で行ったということは、その料金相当額がケイさんによる「財産上の利益の供与」（寄付の供与）であり、安倍晋三後援会にとっては、当該寄付の受領（無償提供としての寄付収入）になります。

その寄付収入についても政治資金収支報告にはどこにも記載がありません。

政治資金収支報告書不記載は明らか

いずれにせよ、以上の収入および支出について一切政治資金収支報告書（２０１３年分～２０１９年分）に記載していないことについては、政治的責任が問われますし、公訴時効前の２０１４年分から２０１８年分については、法的責任（政治資金規正法違反の不記載罪）が問われるべきです（第25条第1項）。

総務省や山口県選挙管理委員会が公表した２０１８年分の政治資金収支報告書によると、安倍首相が代表を務める政党支部など関連6団体のいずれにも、同年4月に開催された「桜を見る会」や「前夜祭」に関わる収支は明記されていませんでした。２０１８年分も政治資金規正法違反（不記載罪）になります（「『桜』記載　18年もなし　政治資金収支報告　首相関連6団体　規正法違反の可能性」しんぶん赤旗２０１９年11月30日）。

第３節 「前夜祭」の収支は赤字ではないか！

公職選挙法の寄付と寄付制限

公職選挙法は、寄付について政治資金規正法とほとんど同じ定義をしています。公職選挙法によると、「寄附」とは、「金銭、物品その他の財産上の利益の供与又は交付、その供与又は交付の約束」で「党費、会費その他債務の履行としてなされるもの以外のもの」をいいます（第１７９条第2項）。

そして、同法は、「公職の候補者又は公職の候補者となろうとする者」が「選挙区（選挙区がないときは選挙の行われる区域。…）内にある者」に対し、「いかなる名義をもつてするを問わず、寄附をしてはならない」と定めており（第１９９条の2第1項）、これに違反して「当該選挙に関し寄附をした者」または「通常一般の社交の程度を超えて」同様に「寄附をした者」は、「1年以下の禁錮又は30万円以下の罰金に処する」と定めています（第２４９条の2第1項・第2項）。

また、「公職の候補者又は公職の候補者となろうとする者（公職にある者を含む。）がその役職員又は構成員である会社その他の法人又は団体」が、「当該選挙区（…）内にある者」に対し、「いかなる名義をもつてするを問わず、これらの者の氏名を表示し又はこれらの者の氏名が類推されるような方法で寄附をしてはならない」と定め（第１９９条の3）、「公職の候補者又は公職の候補者となろうとする者（公職にある者を含む。）の氏名が表示され又はその氏名が類推されるような名称が表示されている会社その他の法人又は団体」が、「当該選挙に関し、当該選挙区（…）内にある者に対し、いかなる名義をもつてするを問わず、寄附をしてはならない」と定め（第１９９条の4）、いずれの場合も、「その会社その他の法人又は団体の役職員又は構成員として当該違反行為をした者」は、「50万円以下の罰金に処する」と定めています（第２４９条の３、第２４９条の４）。

公職選挙法違反の「選挙区内の者への寄付」

「安倍晋三後援会」は、前述したように「前夜祭」（懇親会）を二つの高級ホテル（ホテルニューオータニ、ＡＮＡインターコンチネンタルホテル）で開催してきました。そもそも高級ホテルでの飲食会として「一人５０００円」は安すぎます。最低でも一人1万１０００円のようです。11月14日の野党の追及チームにおいて、立憲民主党の石川大我参院議員は、独自にホテルニューオータニに来年４月で、「桜を見る会」に招待された首相の後援会約８５０人と同規模の８００人でパーティーの見積もりを依頼したところ、１人当たり「1万３１２７円」という回答を得た、と明かしました。また、同党の安住淳国対委員長も、ホテルに照会すると「最低でも、1人1万１０００円」との回答を得たと説明しました（「オータニ会費５０００円、すし６３００円…首相追及」日刊スポーツ２０１９年11月14日22時27分）。

ＮＨＫが「ホテルニューオータニ」に取材し、会費５０００円のパーティーのプランはあるかどうか尋ねたところ「パーティープランの最低価格は1人1万１０００円からで値切り交渉などには応じられない」などと説明したそうですし、２０１９年４月の「懇親会」に出席した山口県内の地方議員は「1人５０００円の会費」について「ホテルで開かれるパーティーと考えると、少し安いと感じた」と話したそうです（「『桜を見る会』安倍首相の国会答弁と食い違う証言」ＮＨＫ２０１９年11月14日20時02分）。

また、「アエラ」もホテルニューオータニに確認したところ、少なくとも「5千円の予算でパーティーは受け付けていない」との回答だったそうです（『桜を見る会』に〝昭恵枠〟の存在も　安倍首相に公選法違反の疑い」アエラ2019年11月20日11時30分）。

2015年10月に900人規模でレセプションをホテルニューオータニで開き、前払いを求められた都内の事業所のレセプションを担当した職員は「安くする努力はしたが1万円を切るのは無理。首相や菅義偉官房長官がいうように〝ホテルにいえばなんとかなる〟ものではない」と証言しています（「『前夜祭』会場のホテル　規約は原則〝前払い〟〝払ってない〟首相と矛盾」しんぶん赤旗2019年11月19日）。

この事前の飲食代のほか、会場代も事前に支払っているはずですし、案内状の経費などの支出もあったはずです。

そうすると、「前夜祭」の収入額と支出額について差額が生じています。たとえば、2019年「前夜祭」の参加者800人だと、「飲食代」（一人1万1000円）だけでも支出額は880万円です。「1人5000円」しか徴収しなければ収入は400万円しかありません。その差額は480万円で、これは赤字になります。その赤字分は、おそらく主催した「安倍晋三後援会」など誰かが負担（補塡）したことでしょう。

そうなると、「前夜祭」を主催した「安倍晋三後援会」など赤字負担者は、その差額を参加者に寄付したことになり、公職選挙法が禁止している「選挙区内の者への寄付」になります。

なお、12月19日に国会内で開かれた野党「桜を見る会」追及本部のヒアリングで、安倍晋三首相の地元・

山口県下関市の田辺よし子市議（無所属）は、前夜祭参加者約40人に聴取したところ「（5000円を）払っていない人がいた」と語りました（「〝会費払ってない人も〟『桜』前夜祭で下関市議報告　安倍首相説明と食い違い　野党ヒアリング」しんぶん赤旗2019年12月21日）。5000円の会費さえ支払っていない者が「選挙区内の者」であれば、その者に対しては、前述の赤字が生じていなくても、公選法違反の寄付になります。

また、2019年は、前述したように、歌手が6曲歌っているので、これも安倍首相の「選挙区内の者」への違法寄付になります。

いずれにせよ、以上の違法な寄付をしたのが「公職の候補者」である安倍晋三衆議院議員であった場合（公職選挙法第199条の2第1項）、安倍議員は当該寄付が「通常一般の社交の程度を超えて」なされた寄付なので、「1年以下の禁錮又は30万円以下の罰金」に処されます（第249条の2第1項・第2項）。違法寄付者が「安倍晋三後援会」であった場合（第199条の3など）、「団体の役職員又は構成員として当該違反行為をした者」（安倍議員ら）は、「50万円以下の罰金」に処されます（第249条の3など）。

「安倍晋三後援会」は、その違法寄付の発覚を恐れ、政治資金収支報告書に「桜を見る会前夜祭」に関する収支について一切記載しなかったのでしょう。

裏金による補填がなされた⁉

前述したように、2019年「前夜祭」の参加者は少なくとも800人で、「飲食代」だけでも支出額は1人1万1000であれば計880万円になり、「安倍晋三後援会」が「1人5000円」しか会費を徴収していないのでその収入は計400万円しかなく、両者の差額・赤字は480万円になります。この負担・補填を行ったのは誰かの裏金ということになりますが、「安倍晋三後援会」の裏金なのでしょうか、それとも安倍首相・議員の裏金なのでしょうか？

「安倍晋三後援会」が補填していたとすれば、その分は裏金だったことになります。その分の収入も政治資金収支報告書に記載していないことになるので、これは政治資金規正法違反の不記載罪に問われます。

ところで、衆参の国会議員には、税金が原資の文書通信交通滞在費が毎月100万円交付されており、年間で1200万円になります。これも補填の原資だった可能性があります。これも目的外支出で違法です。

税金が原資の「内閣官房報償費」は、その使途が公表されていないので「機密費」と呼ばれ、近年では年間約12億円が支出されてきました。これについては、内閣官房長官が出納管理し、必ずしも領収書を徴する必要があるわけではない「政策推進費」のほか、事務補助者が出納管理する「調査情報対策費」「活動関係費」があること、そのうち、その支出全体の9割が「政策推進費」だったことが明らかになっていますが、内閣官房長官が従来、自民党のために流用している等、目的外出をしていたとの疑惑があります（詳細については、上脇博之『内閣官房長官の裏金　機密費の扉をこじ開けた4183日の闘い』日本機関紙出版センター・2018年）。

1998年7月から1年余り小渕恵三内閣で官房長官を務めた野中広務氏（故人）は、「総理の部屋に月1000万円」運んでいたことを証言していました（「官房機密費、毎月5千万～7千万円使った」朝日新聞2010年4月30日21時42分）。

かりに現在も菅官房長官が安倍首相に「機密費」を「月1000万円」渡していたとすれば、その「機密費」が補填の原資だった可能性が生じます。内閣官房報償費としては目的外支出で違法です。

第4節　安倍首相の説明は〝墓穴を掘る虚偽の弁明〟

企業献金は原則禁止

政治資金規正法によると、前述したように、「寄附」とは「金銭、物品その他の財産上の利益の供与又は交付」で、「党費又は会費その他債務の履行としてされるもの以外のもの」をいうと定義されています（第4条第3項）。

また、「会社、労働組合（……）、職員団体（……）その他の団体は、政党及び政治資金団体以外の者に対しては、政治活動に関する寄附をしてはならない。」と定めています（第21条第1項）。つまり、いわゆる企業の政治献金（企業献金）については原則禁止されており、例外として企業献金が許容されるのは、政党および政治資金団体に行う場合だけです（「政治資金団体」とは、「政党のために資金上の援助をする目的を有する団体」で、政党が政治資金団体として指定した政治団体です（第5条第1項第2号、第6条の2第1項））。また、「何人も」原則禁止されている企業献金を受けてはならない」と定められてもいるのです（第22条の2）

そして、この禁止されている寄付を行った会社（団体にあつては、その役職員又は構成員として当該違反行為をした者）も、その違法寄付を受領した公職の候補者や政治団体（同前）も、「1年以下の禁錮又は50万円以下の罰金に処する」と定められています（第26条）。

墓穴を掘る虚偽の弁明

ところが、「安倍晋三後援会」主催の「前夜祭」の料金につき、安倍首相は「1人5000円はホテル側が設定した」旨、弁明しました。

「夕食会の価格設定が安すぎるのではないかという指摘がございます。そういう報道もありますが、参加者1人5000円という可否については、まさに大多数が当該ホテルの宿泊者である、という事情等を踏まえ、ホテル側が設定した価格である、との報告を受けております。」（「桜を見る会　安倍首相の説明詳報（1）『費用は参加者の自己負担』」産経新聞2019年11月15日19時17分）

この弁明で重要なことは、ホテル側が「1人5000円に相応する飲食費を提供する」と説明していないことです。この弁明では、ホテル側が高額な飲食費を値引きして飲食の提供をすると説明されているのです。

しかし、この説明は不可解ですし、整合性もありません。というのは、第一に、安倍事務所は参加者数が不確定の時点で「1人5000円」と明記して後援会員に対し参加募集の案内を送付しています。また、それに基づき、800名を超える後援会員のツアーを旅行会社に持ち掛けていますので、旅費と宿泊費を団体割引等で一定の値引きをしているでしょうから、さらに「前夜祭」の飲食費をホテルが値引きすることは通常あり得ないと思われるからです。もしそうするのであれば、ツアーのコースには、初めから、旅費と宿泊費に加えて「前夜祭」の飲食費も一緒にして料金を設定し、安倍事務所は後援会員に案内していたはずです。

第二に、ホテルに宿泊しない後援会員で「前夜祭」に参加した者もあるはずで、宿泊していない者に飲食費を値引きするのは安倍首相の弁明するホテルの料金設定と整合性がなくなります。また、例えば、２０１５年の場合、「前夜祭（夕食会）」の参加者が宿泊したホテルと「前夜祭（夕食会）」の開催ホテルは同じではなく別でした（「夕食会参加者、宿泊先は別『大多数』首相説明に疑問」共同通信社２０１９年11月19日21時20分）。安倍事務所名でツアー参加者に配られた注意文書には、当日の移動用バスについて〈宿泊先ホテル（全日空ホテルもしくはホテルオークラ東京）の出発時間が7時になります〉と記載され、前夜祭・夕食会の会場となったホテルニューオータニは含まれておらず、前夜祭の会場と宿泊先のホテルが異なっていたのです。参加者のひとりは、共同通信の取材にニューオータニには宿泊していないと証言し、「ツアーバスは計10台ほどで、オークラ発が2、3台、残りはANAだった」と振り返ったというのです（「夕食会参加者「別のホテルに宿泊」首相弁明に新たな墓穴」日刊ゲンダイ２０１９年11月20日14時50分）。

安倍晋三首相は11月20日の参議院本会議で、「桜を見る会」前日の「前夜祭」と呼ばれる夕食会をめぐり、２０１５年分については、地元から募ったツアー参加者の宿泊先と、夕食会会場が異なることが発覚したことを受けて理由を問われ、「15年に限っては、多くの参加者が宿泊することが予定されていたホテルにおいて、事務的な手違いにより会場が確保できないことが分かり、急きょ別のホテルに変更したという事情があったと聞いている」と弁明しました（「安倍首相、夕食会と違う宿泊先は『ホテルの手違い』」日刊スポーツ2019年11月20日12時33分）。

しかし、「前夜祭」の会場を「急きょ」別のホテルに変更した場合、「前夜祭」参加者が支払う会費と飲食代との間に生じる差額（「前夜祭」の会費1人5000円では不足する飲食代金）を「事務的な手違い」をした、「宿泊することが予定されていたホテル」が自ら負担した、あるいは負担を強いられたのではないかという疑念が生じ、その場合には、別の法的問題が生じてしまいます。

この法的問題は、2015年の場合に限定されません。安倍首相の「1人5000円はホテル側が設定した」旨の弁明においても生じます。1人5000円にする値引きは高級ホテルでは通常考えられないほどの高額な値引きになりますので、ありえないことですが、しかし、もしそれがもし真実であれば、法的問題が生じてしまいます。

というのは、高額な値引きがホテル側により自主的に行われたとしても、それは「財産上の利益の供与」であり、これも前述したように政治資金規正法では「寄附」になります（政治資金規正法第4条第3項）から、値引きした差額分はホテルが「安倍晋三後援会」への寄付をしたことになってしまいますが、前述したようにホテル（会社）は政党（および政治資金団体）には寄付できるものの、それ以外の政治団体や個人（公職の候補者）には寄付できません（第21条第1項）し、政治団体も会社からの寄付を受けられないからです（第22条の2）。つまり、高額な値引きは、政治資金規正法の禁止している企業献金の供与とその受領になるのです。したがって、寄付したホテル側も寄付を受領した「安倍晋三後援会」側も処罰されてしまいます（第26条）。

ホテルに違法献金を要求していたら

もしも安倍後援会がホテル側に以上の高額値引きによる企業の違法献金を勧誘または要求したのであれば、これも政治資金規正法違反で処罰の対象になります。というのは、政治資金規正法は、「何人も、会社、労働組合、職員団体その他の団体（政治団体を除く。）に対して、政治活動に関する寄附（政党及び政治資金団体に対するものを除く。）をすることを勧誘し、又は要求してはならない。」と定め（第21条第3項）、「第21条第3項の規定に違反して寄附をすることを勧誘し、又は要求した者」も、「1年以下の禁錮又は50万円以下の罰金に処する。」と定めているからです（第26条）。

この場合には、それ以上に政治的には大問題になります。首相・国会議員の地位を悪用して、企業に違法献金を勧誘または要求し、破格の違法献金を受領したのですから。

安倍首相は説明責任を果たせ！

果たして安倍首相の前述の弁明は真実なのでしょうか？

安倍事務所が違法に要求した可能性はあるとしても、ホテルの自主的な値引きをしたという説明は、墓穴を掘る虚偽の弁明のように思えてなりません。いずれにせよ、安倍首相は「安倍晋三後援会」主催の「前夜祭」についての収支不記載問題について説明責任を果たすべきです。

ＮＨＫが党内の五つの高級ホテルに、ホテル側が発行するパーティーの明細書について聞いたところ、五つのホテルはいずれも「パーティーについては原則として主催者側に明細書を発行します」と答え、そして主催者側が明細書を紛失した場合もいずれも「再発行は可能です」と回答したそうです。そのうち、「ANAインターコンチネンタルホテル東京」は「明細書の保存期限は社内規定で7年程度となっていて履歴も残っているので、ご要望があれば過去にさかのぼって発行することが可能です」と回答し、「帝国ホテル」は「保存期限は7年間で主催者側から要請があり、本人確認ができれば可能です」と説明したそうです（「桜を見る会 前夜祭問題 明細書は誰に ホテル各社に聞いてみた」2019年11月19日18時05分）。

安倍首相は、「安倍晋三後援会」などの政治団体の政治資金規正法違反（不記載罪）の嫌疑を払拭したいのであれば、「前夜祭」を過去に開催した2つのホテルに明細書の有無を問い合わせ、説明責任を果たすべきでしょう。そうしないのは、安倍事務所がホテルに支払いをしているからでしょう。

おわりに

議院内閣制の機能不全、無責任な内閣の居座り

本書第2部第3章で指摘したように、正常な政権であれば、国の予算については財政法が禁止する目的外支出をしていないことを証明するために関係文書を保存して、その文書などを通じて財政法違反の支出をしていなかったということを、会計検査院・国会・国民に証明することでしょう。この点は、内閣総理大臣（首相）主催の「桜を見る会」の執行においても同様です。

ところが、安倍政権は毎年の「桜を見る会」の執行につき、財政法違反の目的外支出をしていないことを証明する関係文書の重要な一つである「招待者名簿」を、証明前に廃棄した、というのです。

以上の点は、日本国憲法に矛盾する教育勅語を教えている森友学園に対し財務省が鑑定価格は9億5600万円の国有地を8億1900万円も値引きし超低額で売り払った事件と同じです。財政法は、「国の財産は、法律に基く場合を除く外、これを交換しその他支払手段として使用し、又は適正な対価なくしてこれを譲渡し若しくは貸し付けてはならない。」と定めています（第9条第1項）から、財務省が国有地を森友学園に「適正な対価」で譲渡したこと（売払ったこと）を証明しなければなりませんが、会計検査院は、値引きについて「適切とは認められない」、値引きの「根拠が不十分」と結論づけました（会計検査院「学校法人森友学園に対する国有地の売却等に関する会計検査の結果について」２０１７年11月22日）。財政法違反の売り払いでした。

そして、その違法行為を隠蔽するために、かつ、安倍晋三・昭恵首相夫婦及び右翼の国会員ら政治家が関与していることを隠蔽するために交渉記録が廃棄されたと虚偽答弁がなされ、公文書が改竄されました(財務省「森友学園案件に係る決裁文書の改ざん等に関する調査報告書」2018年6月4日)。

このように安倍政権が隠蔽をくり返していることは、日本国憲法が保障する「知る権利」を侵害するものであり国会(衆参各院)の国政調査権(日本国憲法第62条)を侵害するものでもあり、情報公開法違反だけではなく、公文書管理法にも違反します(なお、後に財務省はいわゆる応接記録を公表していますが、大阪第一検察審査会の「不起訴不当」議決書の要旨(2019年3月29日)には「応接記録24通が廃棄されたことは明らかである」と明記していました)。「桜を見る会」の招待者名簿や推薦者名簿を「1年未満」など短期間で廃棄できるよう改訂された文書管理規則は違法です。

したがって、日本国憲法は、「内閣は、行政権の行使について、国会に対し連帯して責任を負ふ」と定めている(第66条第3項)のですから、たとえ官僚が勝手に「応接(交渉)記録」や「招待者名簿」等を廃棄したとしても、内閣は連帯して総辞職すべきなのです。

しかし、安倍内閣はその責任を一切とらないまま今日に至っているのです。

刑事告発とさらなる真相解明・追及の必要性

そこで、私を含む全国の研究者13名は、1月14日、安倍晋三内閣総理大臣(首相)を刑法の背任罪で東京地方検察庁に告発するために、代理人の弁護士とともに告発状を提出しました。この法的問題は、本書で取り上げた法的問題の全てではなく一部です。また、本書では法的問題とは別に政治的問題も取り上げました。

昨2019年12月9日に臨時国会が閉会しましたが、閉会後も健全な野党は結束して安倍首相の「桜を見る会」「前夜祭（夕食会）」の真相解明に向け政府ヒアリングや調査を続けてきました。今の通常国会における審議でも真相解明に向け、安倍首相及び内閣府が説明責任を果たすことを求め、追及を続けています。私たち主権者・納税者も追及の声を上げ続ける必要があります。

「桜を見る会」「前夜祭」の真相は相当明らかになっています。安倍氏は首相を辞任したくないだけではなく、衆議院議員も辞職したくないからこそ、真摯に説明責任を果たすことをしないし、内閣府は「桜を見る会」の招待者名簿や「与党議員枠」の推薦者名簿も廃棄したと答弁して証拠隠滅を強行したのでしょう。財務省が財政法に違反して森友学園に国有地を売り払った事件でも、同様に証拠隠滅が強行されましたので、財政法違反と証拠隠滅は安倍政治・行政における重大な病理です。

〝国民のために税金を使う政治〟への転換を求めて

本書第1部で対談した田村智子参議院議員が「桜を見る会」問題を追及する原動力になったのは政権の予算の在り方への怒りでした。

「元々は、予算を無視するやり方が怒りの出発点なんです。同じ内閣府の予算で、性暴力被害の相談を一元的に受け付ける『ワンストップ支援センター』の運営費が、2018年度は予算不足という理由で計8千万円削減されました。なのに、桜を見る会だけは総理の行事だからと、来年度予算は約5729万円と今年度予算約1767万円の3倍。納得できないですよね」（「『名簿はありますよ』『桜を見る会』疑惑を追及する田村智子議員が断言する理由」AERAdot．2019年12月9日17時）。
安倍首相主催の「桜を見る会」と「安倍晋三後援会」主催の「桜を見る会前夜祭（夕食会・懇親会）」の政治的・法的問題を指摘し真相解明し、安倍首相の責任を追及することは、田村智子参議院議員が指摘したように、安倍政治の本質的問題を解明し追及することでもあります。また、〝税金を安倍首相のお友達のために使う政治〟から、〝税金を主権者国民のためにこそ使う政治〟へと転換することになります。

本書は、その一助になることを強く願って緊急出版するものです。

最後になりましたが、田村智子参議院議員には心より厚くお礼申し上げます。年明け早々、通常国会における質問準備にご多忙のなか、貴重な時間を割いて対談していただいたお陰で、本書はとても充実した内容になりました。誠にありがとうございます。安倍政権は、やるべきことをやらず、やってはいけないことをやってしまう異常な政権です。今後も主権者国民のために、安倍政権の問題点を指摘・追及し続けてください。ご活躍を期待しています。

上脇博之

2020年2月10日

【著者紹介】

著者／**上脇　博之**（かみわき ひろし）

1958年7月、鹿児島県始良郡隼人町（現在の霧島市隼人町）生まれ。鹿児島県立加治木高等学校卒業。関西大学法学部卒業。神戸大学大学院法学研究科博士課程後期課程単位取得。日本学術振興会特別研究員（PD）、北九州市立大学法学部講師・助教授・教授を経て、2004年から神戸学院大学大学院実務法学研究科教授、2015年から同大学法学部教授。

専門は憲法学。2000年に博士（法学）号を取得（神戸大学）。

憲法運動、市民運動の分野に参加しながら現在、憲法改悪阻止兵庫県各界連絡会議（兵庫県憲法会議）幹事、「政治資金オンブズマン」共同代表、公益財団法人「政治資金センター」理事など。著書多数。

対談者／**田村　智子**（たむら ともこ）

1965年、長野県小諸市生まれ。参議院議員。早稲田大学第一文学部に入学 学費値上げ問題で学生の声を代表する論陣を張る。日本民主青年同盟東京都委員会勤務 日本民主青年同盟中央委員会常任委員 平和などの分野で青年運動の先頭に立つ。1995年より8年間、日本共産党国会議員団事務局に勤務 石井郁子衆議院議員秘書、井上美代参議院議員秘書として活動する。

この間、日本共産党の参議院比例代表候補（1998年、2001年）、衆議院比例東京ブロック・東京13区候補（2005年）参議院・東京選挙区候補（2007年）として活動。

2006年12月、日本共産党東京都委員会副委員長に選出される。

2010年1月、日本共産党中央委員会准中央委員に選出される。

2010年2月、同 国民運動委員に選出される。

2010年7月、参議院議員当選（1期目）。

2015年1月、日本共産党中央委員、同女性委員会副責任者に選出される。

2016年4月、日本共産党副委員長、常任幹部会委員に選出される。

2016年7月、参議院議員再選（2期目）。

2020年1月、日本共産党政策委員会委員長に選出。

表紙写真：毎日新聞社提供

逃げる総理 壊れる行政　**追求‼「桜を見る会」&「前夜祭」**

2020年3月20日　初版第1刷発行

著者　上脇博之
発行者　坂手崇保
発行所　日本機関紙出版センター
〒553-0006　大阪市福島区吉野3-2-35
TEL 06-6465-1254　FAX 06-6465-1255
http://kikanshi-book.com/　hon@nike.eonet.ne.jp
本文組版　Third
編集　丸尾忠義
印刷・製本　日本機関紙出版センター

ISBN 978-4-88900-980-4